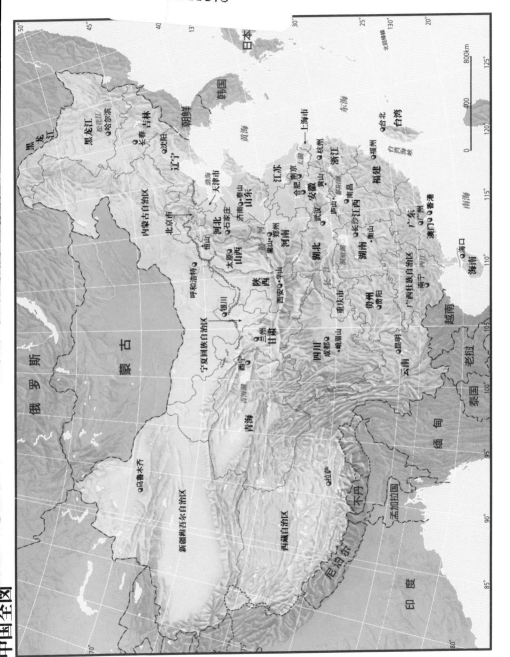

中国全图

【2024 年度版】

時事中国語の教科書

～久久为功～

三潴正道

陳　祖蓓

古屋順子

朝日出版社

音声ダウンロード

 音声再生アプリ「リスニング・トレーナー」新登場（無料）

朝日出版社開発のアプリ、「リスニング・トレーナー（リストレ）」を使えば、教科書の音声をスマホ、タブレットに簡単にダウンロードできます。どうぞご活用ください。

まずは「リストレ」アプリをダウンロード

▶ App Store はこちら　　　▶ Google Play はこちら

アプリ【リスニング・トレーナー】の使い方

❶ アプリを開き、「コンテンツを追加」をタップ
❷ QRコードをカメラで読み込む

❸ QRコードが読み取れない場合は、画面上部に **45389** を入力し「Done」をタップします

QRコードは㈱デンソーウェーブの登録商標です

Webストリーミング音声

http://text.asahipress.com/free/ch/245389

まえがき

『時事中国語の教科書』は毎年出版され、過去1年間の出来事を様々な角度から紹介するもので、2024年でシリーズ28冊目になります。

2022年秋、習近平は第20回党大会で総書記に三選され、新チャイナセブンも決まりました。その顔ぶれは、習近平（69）・李強（63）・趙楽際（65）・王滬寧（67）・蔡奇（66）・丁薛祥（60）・李希（66）で、江沢民・胡錦濤・習近平と三代に仕えた王滬寧以外は、李強・蔡奇・丁薛祥が習近平の福建・浙江・上海時代の部下、趙楽際・李希も習家の故郷、陝西省絡みで、ほぼ完全に側近で固めた体制となりました。

翌2023年春の全人代では習近平が国家主席兼中央軍事委員会主席に再任され、国務院総理には李克強に代わって李強が、副首相には丁薛祥（筆頭副首相）・何立峰・張国清・劉国中が選ばれ、そのほか、国家副主席は韓正、全人代常務委員会委員長は趙楽際、政治協商会議主席は王滬寧といった顔ぶれになりました。

王岐山の後任となった韓正国家副主席は上海で江沢民派と習近平の間を取り持ったことから、江沢民亡き後、派閥間調整の役割を担っています。年齢的に習を脅かす後継者にはなりえません。趙楽際全人代常務委員長は近年、規律検査委員会を担って腐敗摘発で剛腕ぶりを発揮しました。李強首相は習の浙江省書記時代の秘書長で、丁薛祥筆頭副首相は習の上海市書記時代を支え、その後、習の秘書役である党中央弁公庁主任に就任していました。当面の最重要課題である経済政策担当者は中国人民銀行総裁に易綱が再任（その後交代）され、国家発展改革委員会主任だった何立峰（習の福建省時代の部下）も副首相として、易綱とともに金融経済の舵取り役を担い、新しい国家発展改革委員会主任には鄭柵潔が就任しました。

こうして見ると、習近平が歴任した各地の部下を中心とした側近閥と地域閥が目立つ一方、一時、次世代のホープと目された共産主義青年団系の胡春華は政治局員にもなれませんでした。閥で固まれば、今後、元江沢民系・共青団系、また軍内部の不満をどうコントロールするかが大きなポイントになります。

2023年春、中国は厳しい経済状況に晒されました。グローバルな経済環境の悪化と外部からの圧力に加え、国内需要が不足し、中小・零細企業など民間企業が困難に晒され、雇用問題、地方政府の財政難、不動産市場と関連金融機関のリスクも増大しました。そこで政府は今年の数値目標として、経済成長率5%、都市部新規就業者数1200万人、都市部調査失業率5.5%、消費者物価上昇率3%などの目標を掲げ、①国内需要の拡大　②現代化産業システム建設の加速　③「2つの揺るぎなさ」（国有企業の発展と強化）の実施　④外資の誘致と活用　⑤基本的社会保障と社会事業の発展など8項目の重点施

策を提起しました。

　しかし、それにもかかわらず、経済の停滞はますます深刻化しました。不動産バブルのツケが深刻化し、大手不動産会社の恒大や碧桂園が経営危機に直面したことで、GDP の 30％以上を占める不動産関連産業の不振は多方面に波及、土地取引をインフラ投資の原資としてきた地方政府は円換算で 1100 兆円もの負債を抱えてしまいました。この問題は、もともと 2020 年に政府が不動産企業に対する過剰融資の引き締め政策を行ったことに端を発していますが、時を同じくしてコロナ危機に見舞われ、国際的にもコロナやウクライナ戦争で欧米各国の購買力が鈍ったこと、併せて対中国経済制裁という三重苦に見舞われた結果と言えます。政府は住宅購買力回復に緊急措置を施し始めましたが、小手先の措置に過ぎず、バブル抑制が元の木阿弥になりかねません。また、一帯一路関係の融資も円換算で 10 兆円も焦げ付いていると言われています。一方、6〜7 月は中国では大学生の就職時期。ところが 7 月の中国製造業景況感は 4 カ月連続 50 を割り、16〜24 歳の失業率は 21.3％の高率に達し、2023 年の大学卒業生 1158 万人にどう対処するか、政府にとっては頭の痛い喫緊の課題になりました。三期目に突入した習近平政権ですが、経済危機をうまく乗り切らなければ、2027 年の党大会に暗雲が漂います。国内外の批判を封じ込めるため、近年、国家安全法・テロリズム法・サイバー安全法・国家情報法・データ安全法・暗号法・反組織犯罪法など治安維持関係の法律整備が強力に推進されていますが、中でも注目されたのが 2023 年 4 月に全人代常務委員会で承認された改正〈反スパイ法〉で、「国家の安全保障と利益に関る文書・データ・資料・物品の違法な提供」の解釈をめぐって波紋が広がっています。

　このまえがきを執筆している頃、日中間で核処理水放出問題が新たな争点として浮上しました。経済不振と対中包囲網に悩む中国が、大衆の不満のはけ口を誘導している、という分析に一定の妥当性がないわけではありませんが、中国で最近、環境や食品の保全・安全が空前の高まりを見せ、国を挙げた取り組みが行われていることも無視してはなりません。また、コロナのせいで、貧困脱出の決め手となった農村観光が壊滅的打撃を受けたことから、海外旅行より国内観光を奨励したい意向も透けて見えます。

　2010 年以降、ずるずると深みにはまりつつある日中関係、過去の失敗を経験とし、冷静に関係改善の糸口を探る努力が今ほど必要なときはないでしょう。その意味で、日本政府には対米追随一辺倒ではない独自外交の確立が、中国には「真の大国とは何か」という自問自答が強く求められます。

2023 年秋　三潴正道

目　次

各課の語注にある「⇒」は詳しい説明のある箇所を表します。
本書の発音表記では、通用規則には反しますが、連続する音節の後ろの音節が母音のみである場合だけでなく、後ろの音節が子音＋母音で構成されている場合でも、紛らわしい場合は隔音符号を付しています。

首位登上美国货币的亚裔

Shǒuwèi dēngshàng Měiguóhuòbì de Yàyì

アジア系ハリウッド女優の草分け、アンナ・
メイ・ウォン（右）がアメリカのコイン
に（下）

　ハリウッドからの衝撃を克服して目覚ま
しい発展を遂げた中国映画には、近年、国
際的な大女優も出現。

　しかし、歴史を振り返ると、過去には
数々の苦難を乗り越えてアメリカで活躍し
た中国系女優も。女性の活躍は映画に限ら
ず、各界にその足跡を残しています。

美国铸币局 在 2022 年 10 月 发行了 一 款
Měiguózhùbìjú zài èrlíng'èr'èr nián shí yuè fāxíngle yì kuǎn

全新 的 25 美分 硬币，这 枚 硬币 上 刻有
quánxīn de èrshiwǔ Měifēn yìngbì, zhè méi yìngbì shang kèyǒu

好莱坞 早期 华裔 女星 黄柳霜 的 肖像。
Hǎoláiwū zǎoqī Huáyì nǚxīng Huáng-Liǔshuāng de xiàoxiàng.

美国媒体 称，这 是 第一 位 出现在 美国货币 上
Měiguóméitǐ chēng, zhè shì dìyī wèi chūxiànzài Měiguóhuòbì shang

的 亚裔。
de Yàyì.

黄柳霜， 1905 年 出生在 美国 洛杉矶 的
Huáng-Liǔshuāng, yījiǔlíngwǔ nián chūshēngzài Měiguó Luòshānjī de

一 个 华裔移民 家庭。14 岁 开始 演戏，三 年 后，
yí ge Huáyìyímín jiātíng. Shísì suì kāishǐ yǎnxì, sān nián hòu,

也 就是 1922 年，她 在 电影 《海逝》 中 首次
yě jiùshì yījiǔ'èr'èr nián, tā zài diànyǐng «Hǎishì» zhōng shǒucì

担任 主角。她 一生 一共 出演了 60多 部 电影，
dānrèn zhǔjué. Tā yìshēng yígòng chūyǎnle liùshiduō bù diànyǐng,

其中 有《唐人街 繁华梦》《上海快车》，被 公认为
qízhōng yǒu «Tángrénjiē fánhuámèng» «Shànghǎikuàichē», bèi gōngrènwéi

好莱坞 第一 位 华裔明星。
Hǎoláiwū dìyī wèi Huáyìmíngxīng.

但是， 黄柳霜 经常 被 安排 出演 带着
Dànshì, Huáng-Liǔshuāng jīngcháng bèi ānpái chūyǎn dàizhe

种族主义偏见 的 角色，而且 片酬 过低。在
zhǒngzúzhǔyìpiānjiàn de juésè, érqiě piànchóu guòdī. Zài

《上海快车》 中， 黄柳霜 的 片酬 只 有
«Shànghǎikuàichē» zhōng, Huáng-Liǔshuāng de piànchóu zhǐ yǒu

6000 美元，而 与 她 合作 的 白人女演员 玛琳·
liùqiān Měiyuán, ér yǔ tā hézuò de báirénnǚyǎnyuán Mǎlín ·

黛德丽 的 片酬 则 为 7万8000 美元 以上。
Dàidélì de piànchóu zé wéi qīwànbāqiān Měiyuán yǐshàng.

1933 年， 黄柳霜 在 接受 美国 《洛杉矶时报》
Yījiǔsānsān nián, Huáng-Liǔshuāng zài jiēshòu Měiguó «Luòshānjīshíbào»

解読の手がかり

出現在美国货币上：「アメリカのコインに現れた」。［動詞＋“在”］の形で、動作の結果どこに存在しているかを表します。動詞＋結果補語という解釈もできます。

例文1：利率下调的影响将体现在明年的业绩里。
Lìlǜxiàtiáo de yǐngxiǎng jiāng tǐxiànzài míngnián de yèjì li.

例文2：熊猫“晓晓”和“蕾蕾”诞生在上野动物园。
Xióngmāo "Xiǎoxiao" hé "Lěilei" dànshēngzài Shàngyědòngwùyuán.

~的片酬则为7万8000美元以上：「～の出演料と言えば7万8000ドル以上だった」。“则”は全体から個別の事例を取り出して「この場合はこう」と説明するときに使われます。

例文1：物价在上涨，而工资则还是老样子。
Wùjià zài shàngzhǎng, ér gōngzī zé háishi lǎoyàngzi.

例文2：另一支考古队则找到了一具木乃伊。
Lìng yì zhī kǎogǔduì zé zhǎodàole yí jù mùnǎiyī.

語 注

首位	（タイトル注）「1人目の」。本文の“第一位”と同じ。論説体。
亚裔	（タイトル注）「アジア系」。本文の“华裔”は「中国系」。
美国铸币局	「米国造幣局」
款	「種」。デザインの種類を数える量詞。
25美分硬币	「25セントコイン」
好莱坞	「ハリウッド」
女星	「スター女優」。“星”は“明星”の略。
黄柳霜	（人名）「アンナ・メイ・ウォン」。1905年～1961年。
洛杉矶	（地名）「ロサンゼルス」
《海逝》	（映画名）邦題『恋の睡蓮（すいれん）』
《唐人街繁华梦》《上海快车》	（映画名）邦題『ピカデリィ』『上海特急』
被公认为~	「～と認められる」⇒ p.27 解読の手がかり
片酬	「出演料」
与~合作	「～と協力する」「～と共演する」。“与”は会話体の“和”や“跟”に相当。
玛琳・黛德丽	（人名）「マレーネ・ディートリッヒ」。ドイツ出身の女優。
《洛杉矶时报》	（新聞名）「ロサンゼルスタイムズ」

采访 时，曾 这样 回答："为什么 银幕 上 的
cǎifǎng shí, céng zhèyàng huídá: "Wèishénme yínmù shang de

中国人 几乎 总是 影片 中 的 反派，而且 是
Zhōngguórén jīhū zǒngshì yǐngpiàn zhōng de fǎnpài, érqiě shì

如此 残忍 的 反派——凶残、奸诈，如同 草丛 中
rúcǐ cánrěn de fǎnpài xiōngcán、jiānzhà, rútóng cǎocóng zhōng

的 蛇。我们 不 是 那样 的 人。"尽管 黄柳霜
de shé. Wǒmen bú shì nàyàng de rén." Jǐnguǎn Huáng-Liǔshuāng

被 认为 是 好莱坞 最 美丽 的 女演员 之一，但 她
bèi rènwéi shì Hǎoláiwū zuì měilì de nǚyǎnyuán zhīyī, dàn tā

从未 被 选为 浪漫电影 的 女主角，因为 当时 的
cóngwèi bèi xuǎnwéi làngmàndiànyǐng de nǚzhǔjué, yīnwèi dāngshí de

美国法律 禁止 不同 种族 的 人 在 银幕 上 接吻。
Měiguófǎlǜ jìnzhǐ bùtóng zhǒngzú de rén zài yínmù shang jiēwěn.

1961 年 2 月， 黄柳霜 因 心脏病发作 去世，
Yījiǔliùyī nián èr yuè, Huáng-Liǔshuāng yīn xīnzàngbìngfāzuò qùshì,

享年 56 岁。此前 一 年， 她 终于 在
xiǎngnián wǔshiliù suì. Cǐqián yì nián, tā zhōngyú zài

好莱坞星光大道 上 拥有了 属于 自己 的 那 颗 星。
Hǎoláiwūxīngguāngdàdào shang yōngyǒule shǔyú zìjǐ de nà kē xīng.

美国铸币局 局长 吉布森 表示，"这 枚 硬币 是
Měiguózhùbìjú júzhǎng Jíbùsēn biǎoshì, "Zhè méi yìngbì shì

为了 反映 黄柳霜 所 取得 的 成就，她 在 一生
wèile fǎnyìng Huáng-Liǔshuāng suǒ qǔdé de chéngjiù, tā zài yìshēng

中 克服了 许多 挑战 和 障碍。"
zhōng kèfúle xǔduō tiǎozhàn hé zhàng'ài."

在 黄柳霜 主演 第一 部 影片 后 的 一百
Zài Huáng-Liǔshuāng zhǔyǎn dìyī bù yǐngpiàn hòu de yìbǎi

年， 2023 年， 华裔明星 杨紫琼 凭借 《瞬息
nián, èrlíng'èrsān nián, Huáyìmíngxīng Yáng-Zǐqióng píngjiè «Shùnxī

全宇宙》 在 第95 届 奥斯卡金像奖 颁奖典礼 上，
quányǔzhòu» zài dìjiǔshíwǔ jiè Àosīkǎjīnxiàngjiǎng bānjiǎngdiǎnlǐ shang,

荣获"最佳女主角" 奖项， 成为 首位 华裔"影后"。
rónghuò "zuìjiānǚzhǔjué" jiǎngxiàng, chéngwéi shǒuwèi Huáyì "yǐnghòu".

解読の手がかり

凶残、奸诈，：「凶悪でずるがしこく、」。"、" は並列、"，" は文中のポーズと はっきり区別して使います。これを見落とすと文の区切り方を正しく読み 取れないので、要注意です。

> 例文1：政府出台了促消费、降息、稳地产等系列措施。
> Zhèngfǔ chūtáile cù xiāofèi、jiàng xī、wěn dìchǎn děng xìliè cuòshī.

> 例文2：受高温、台风、洪涝等影响，农作物的收成几乎全面走差。
> Shòu gāowēn、táifēng、hónglào děng yǐngxiǎng, nóngzuòwù de shōuchéng jīhū quánmiàn zǒuchà.

尽管~但…：「~にもかかわらず…だ」。事実を認めたうえで、その事実にそ ぐわないことを述べる表現です。

> 例文1：尽管政府说没问题，但是很多人觉得不可信。
> Jǐnguǎn zhèngfǔ shuō méi wèntí, dànshì hěnduō rén juéde bù kěxìn.

> 例文2：尽管通胀正在降温，但是美国人仍受到物价高企的困扰。
> Jǐnguǎn tōngzhàng zhèngzài jiàngwēn, dànshì Měiguórén réng shòudào wùjià- gāoqǐ de kùnrǎo.

語　注

反派	「悪役」
如同~	「まるで~のようだ」。会話体の "好像~" に相当。
从未~	「一度も~したことがない」。会話体の "从来没有~" に相当。
好莱坞星光大道	「ハリウッド・ウォーク・オブ・フェーム（名声の歩道）」
吉布森	（人名）「ギブソン」
杨紫琼	（人名）「ミシェル・ヨー」。1962 年~。香港、ハリ ウッドで活躍する中国系マレーシア人女優。
凭借~	「~に頼って」「~によって」
《瞬息全宇宙》	（映画名）邦題『エブリシング・エブリウェア・オー ル・アット・ワンス』
奥斯卡金像奖颁奖典礼	「アカデミー賞最優秀賞授賞式」
最佳女主角	「最優秀女優賞」
影后	「映画界の女王」

　課文では中国系映画女優の海外での活躍ぶりを伝えていますが、海外で認められているのは映画女優だけではありません。例えば科学分野では、2015年にノーベル・生理学医学賞を受賞した屠呦呦女史を知らない人はいないでしょう。さらに、ユネスコの女性科学賞を受賞した科学者はすでに4名を数えています。

　政治家で言えば、宋慶齢は女性ながら1959年には国家副主席に、最後は国家名誉主席にもなりましたが、彼女の場合は孫文の夫人だったという特別な背景があります。一方、胡錦濤・温家宝政権下の呉儀副首相は、環境問題・知財権問題、中医学の継承発展など様々な分野で高い指導力を発揮した、識見豊かな政治家で、内外から高い評価を受けました。そのほか、芸術文化スポーツなどでも多くの人材を輩出しており、日本に比べると、女性の社会進出とその認知ははるかに進んでいると言えましょう。「女性は天の半分を支える」、中国に関わる仕事をしている人なら、一度はお目にかかる言葉です。

　中国で女性の権益を保障する法規はすでに100本以上もあり、義務教育機関における男女差別はほぼ解消され、大学本科の在籍者に占める割合は半分以上が女性であり、社会全体の就業者に占める割合も2020年末で40%を超えていますが、その一方で未解決の問題も少なくありません。

　2023年1月1日から政府は〈改訂婦女権益保障法〉を施行しましたが、一人っ子政策が2015年に転換し、さらに3人まで認めるようになった結果、女性の就職への差別や出産育児休暇問題がクローズアップされていますし、生理休暇の保障不足、農村女性の財産権未保障問題なども顕在化しています。また、女性に対するDVも2割前後と推定され、2015年にやっと反家庭暴力法が成立しましたが、この面での改善も期待されています。

コトバあれこれ ── 映画は映画館で、ネットで、それともゲームで？

下記の中国語と対応する日訳を線で結んでください！

★宣発 xuānfā ・　　　　　　　・世界一の興業収入源

★撤档 chèdàng ・　　　　　　　・映画館をやめてネットで見る

★弃"院"从"网" qì "yuàn" cóng "wǎng" ・　　　　　　　・俳優、スター

★全球第一大票仓 quánqiúdìyīdàpiàocāng ・　　　　　　　・映画とゲームの融合

★票房 piàofáng ・　　　　　　　・新作リリース

★影游融合 yǐngyóurónghé ・　　　　　　　・上演中止

★演员明星 yǎnyuánmíngxīng ・　　　　　　　・興行収入

洪水中的涿州书店和书库

Hóngshuǐ zhōng de Zhuōzhōu shūdiàn hé shūkù

水浸しになった涿州の書庫

　　地球規模の異常気象は中国にも容赦なく襲いかかり、各地で洪水が発生しています。

　　洪水被害は人々の生活や貴重な文化財・自然資源に影響を与えるだけでなく、様々な産業や物流への影響が経済全体に深刻なダメージを与えています。

"7 月 31 号 早上 7 点, 我 还 睡着, 就
"Qī yuè sānshiyī hào zǎoshang qī diǎn, wǒ hái shuìzhe, jiù

听见 房东 叫 我, 发水 了。我 跑到 院里, 赶快
tīngjiàn fángdōng jiào wǒ, fāshuǐ le. Wǒ pǎodào yuànli, gǎnkuài

去 发动 车, 已经 晚 了, 水 都 到 小腿 了。我
qù fādòng chē, yǐjīng wǎn le, shuǐ dōu dào xiǎotuǐ le. Wǒ

回去 抓 两 件 衣服, 拿上 手机 就 往 外 跑。
huíqù zhuā liǎng jiàn yīfu, náshàng shǒujī jiù wǎng wài pǎo.

一下 水 都 过来 了, 路口 的 水 已经 过 腰, 特别
Yíxià shuǐ dōu guòlái le, lùkǒu de shuǐ yǐjīng guò yāo, tèbié

快。" 野草书店 的 老板 赵亮 说。书店 里 两万余
kuài." Yěcǎoshūdiàn de lǎobǎn Zhào-Liàng shuō. Shūdiàn li liǎngwànyú

册 书 与 他 这 两 年 新买 的 车 全 留在 洪水
cè shū yǔ tā zhè liǎng nián xīnmǎi de chē quán liúzài hóngshuǐ

里 了。
li le.

2023 年 7 月 27 日 起, 京津冀地方 受
Èrlíng'èrsān nián qī yuè èrshiqī rì qǐ, Jīng-Jīn-Jì dìfāng shòu

冷暖空气 和 台风 "杜苏芮" 共同 影响, 出现
lěngnuǎnkōngqì hé táifēng "Dùsūruì" gòngtóng yǐngxiǎng, chūxiàn

强降雨, 这 场 雨 持续了 约 一 星期。首都 北京
qiángjiàngyǔ, zhè cháng yǔ chíxùle yuē yì xīngqī. Shǒudū Běijīng

遭受 140 年来 最 大 降雨量。而 受灾 最 严重
zāoshòu yìbǎisìshí niánlái zuì dà jiàngyǔliàng. Ér shòuzāi zuì yánzhòng

的 是 河北省 涿州市, 由于 市内 有 六 条 河流
de shì Héběishěng Zhuōzhōushì, yóuyú shìnèi yǒu liù tiáo héliú

经过, 一时 洪流 交汇, 数 天 内 成为 洪水重灾区。
jīngguò, yìshí hóngliú jiāohuì, shù tiān nèi chéngwéi hóngshuǐzhòngzāiqū.

全市 受灾人数 超过了 15万。
Quánshì shòuzāirénshù chāoguòle shíwǔwàn.

涿州市 毗邻 北京 大兴区、房山区, 城区 距
Zhuōzhōushì pílín Běijīng Dàxīngqū, Fángshānqū, chéngqū jù

解読の手がかり

水都到小腿<u>了</u>：「水はもうすねのところまで来ていた」。文末に置かれる"了"
は、状況が変化したこと、新しい事態に気づいたことを表します。この場
合、"了"の前には名詞や形容詞が来ることもあります。

例文 1：处暑过后，就入秋了。
　　　　Chǔshǔ guò hòu, jiù rùqiū le.

例文 2：现金，在生活中渐渐消失了。
　　　　Xiànjīn, zài shēnghuó zhōng jiànjiàn xiāoshī le.

超过<u>了</u>15 万：「15 万を超えた」。動詞の直後に置かれる"了"は、動作の実
現・完成を表します。なお、この課の最初にある"发水了"は、"发了水了"
の 2 つの"了"を兼ねたものです。

例文 1：西藏唐卡已经传承了上千年。
　　　　Xīzàng tángkǎ yǐjīng chuánchéngle shàng qiān nián.

例文 2：学了十几年的英语了，还是不会说。
　　　　Xuéle shíjǐ nián de Yīngyǔ le, háishi bú huì shuō.

語　注

涿州	（タイトル注）（地名）「涿州（たくしゅう）市」。河北省に位置し、『三国志』の「桃園の誓い」の舞台としても有名。
房东	「大家さん」
跑到院里	「庭まで走った」。"V 到"は p.21 解読の手がかりも参照。
发动车	「車のエンジンを動かす」
小腿	「すね」。膝から下を指します。
拿上	「手にする」。この方向補語"上"は付着を表す派生用法。
野草书店	（店名）「野草書店」
老板	「経営者」。個人経営の社長を指すのが一般的。
赵亮	（人名）「趙亮（ちょう・りょう）」
京津冀	（地域名）「京津冀（けいしんき）」。北京市・天津市・河北省を指します。
杜苏芮	「トクスリ」。2023 年の夏に発生した台風 5 号のこと。
场	「回」。雨や雪などの自然現象の回数を数える量詞。
洪流交汇	「洪水が重なる」
毗邻～	「～に隣接する」
大兴区、房山区	（地名）「大興区、房山区」。いずれも北京市の管轄下にある区。

北京 天安门 直线距离 仅 55 公里。由于 这 个
Běijīng Tiān'ānmén zhíxiànjùlí jǐn wǔshiwǔ gōnglǐ. Yóuyú zhè ge

地理位置, 很多 图书经销商 和 出版机构 把 书库
dìlǐwèizhì, hěnduō túshūjīngxiāoshāng hé chūbǎnjīgòu bǎ shūkù

设在 涿州。而 这 场 突如其来 的 洪水, 使
shèzài Zhuōzhōu. Ér zhè cháng tūrúqílái de hóngshuǐ, shǐ

众多 图书库房 告急。中图网 遭受了 毁灭性 打击,
zhòngduō túshūkùfáng gàojí. Zhōngtúwǎng zāoshòule huǐmièxìng dǎjī,

库房 储存 的 400多万 册 书籍 几乎 全军覆没, 预计
kùfáng chǔcún de sìbǎiduōwàn cè shūjí jīhū quánjūnfùmò, yùjì

损失 高达 2.2亿 元。据 统计, 约 有 2500万
sǔnshī gāodá èrdiǎnr'èryì yuán. Jù tǒngjì, yuē yǒu liǎngqiānwǔbǎiwàn

册 图书 泡在 水中, 其中 还 包含了 许多 不可复制
cè túshū pàozài shuǐzhōng, qízhōng hái bāohánle xǔduō bùkěfùzhì

的 绝版、老版 书。
de juébǎn、 lǎobǎn shū.

书店、 图书库房 受灾, 也 牵动着 无数 读者 的
Shūdiàn、 túshūkùfáng shòuzāi, yě qiāndòngzhe wúshù dúzhě de

心。然而, 在 这 场 突发 的 灾害 面前, 大家 并
xīn. Rán'ér, zài zhè cháng tūfā de zāihài miànqián, dàjiā bìng

没有 束手无策。京东 推出"加油 涿州书库"
méiyǒu shùshǒuwúcè. Jīngdōng tuīchū "Jiāyóu Zhuōzhōushūkù"

专场售书活动; 企业 个人 进行 捐款; 也 有
zhuānchǎngshòushūhuódòng; qǐyè gèrén jìnxíng juānkuǎn; yě yǒu

志愿者 到 现场 参与 图书 清理 和 整理 工作。
zhìyuànzhě dào xiànchǎng cānyù túshū qīnglǐ hé zhěnglǐ gōngzuò.

野草书店 老板 赵亮 说,"很多 人 发来 信息 安慰
Yěcǎoshūdiàn lǎobǎn Zhào-Liàng shuō, "Hěnduō rén fālái xìnxī ānwèi

我, 他们 说, 淹得 再 狠 我 也 买, 不 怕 淹, 我们
wǒ, tāmen shuō, yānde zài hěn wǒ yě mǎi, bú pà yān, wǒmen

都 留 个 纪念。"
dōu liú ge jìniàn."

解読の手がかり

并没有束手无策：「けっして手をこまねいていたわけではない」。"并"は否定
の前に置いて「けっして～ではない」「～というわけではない」という意味
を表します。

> 例文1：他当时并没有表示反对。
> 　　　　Tā dāngshí bìng méiyǒu biǎoshì fǎnduì.
> 例文2：这样的励志故事并非廉价鸡汤。
> 　　　　Zhèyàng de lìzhìgùshi bìngfēi liánjià jītāng.

淹得再狠：「もっとひどく水濡れしていても」。動詞＋状態補語の形です。[動
詞＋"得"] の後に、動作の結果どうなったか、あるいは動作がどのように
行われるかの説明が置かれます。ここでは前者です。

> 例文1：俄乌局势变得越来越微妙。
> 　　　　É-Wūjúshì biànde yuèláiyuè wēimiào.
> 例文2：翻译工作进行得很顺利。
> 　　　　Fānyìgōngzuò jìnxíngde hěn shùnlì.

語　注

图书经销商	「図書販売会社」
把～设在…	「～を…に設ける」⇒ p.41 解読の手がかり
突如其来	（四字成語）「突如発生する」
使～	「～させる」⇒ p.89 解読の手がかり
告急	「SOS を発する」
中图网	「中国図書ネット」。1998 年に創業した書籍販売サイト。
毁灭性打击	「壊滅な打撃」
全军覆没	（四字成語）「全滅」
泡在水中	「水の中に浸かる」
牵动着～的心	「～の心を動かしている」。⇒ "着" は p.63 解読の手がかり
束手无策	（四字成語）「なすすべを知らない」
京东	「ジンドン（JD.com）」。中国の二大ネットショッピングサイトの１つ。
专场售书活动	「図書特別販売キャンペーン」
发来信息	「メッセージを送信してくる」「メッセージを寄せる」
留个纪念	「記念にとっておく」。"留个" は "留一个" の略。"留纪念" と比べて「ちょっとした」というニュアンスが加わります。

─━●放大鏡●━─

中国でも異常気象の被害は深刻で、6月以降梅雨前線の形成を契機に発生する洪水は、毎年のように1億人を超える住民を被災させ、中国経済に大きな打撃となっています。中国では洪水を"一般洪水"（5-10年に1度）、"较大洪水"（10-20年に1度）、"大洪水"（20-50年に1度）、"特大洪水"（50年を超える期間に1度）に分けていますが、大洪水の頻発はこのような物差しを根底から揺り動かしています。

対策の1つが、近年の開発で極度に痩せてきた多くの湖沼の復活で、周辺の立ち退きが強制的に進められています。例えば「千湖の省」と呼ばれる湖北省では、すでに2016年に〈湖沼による洪水防止と生態環境対策活動を確実に行うことに関する緊急通知〉を発し、"退田还湖"、"退渔还湖"といった政策を実行に移しました。湖北省の場合、上流に巨大な三峡ダムがあり、これが崩壊すれば、湖北省が受ける被害は想像を絶します。こうした状況を踏まえ、国務院は〈国家総合防災減災プラン（2016-2020)〉を公布、直接的な経済損失をGDPの1.3%以内に止めるとともに、中央・省・市・県・郷5段階の災害救援物資備蓄体制を確立するとしました。

2018年4月、中国気象局は初の〈中国気候変化青書〉を発表しました。それによると、1951年から2017年の間に中国の地表温度の年平均気温は10年単位で0.24度上昇し、世界水準を上回っており、中でも北方は南方に比べ、西部（特に青蔵地区）は東部に比べはるかに高くなっています。

2023年7月末に河北省涿州を襲った大洪水は、記録的集中豪雨で永定河が氾濫、北京と雄安新区を守るために、河北省の7カ所の"泄洪区"（遊水地）に向けて水門が開かれ、100万人が暮らす町や農村の多くに濁流が押し寄せたものでした。

👤 **コトバあれこれ ──"洪水"は紀元前200年の書物にすでに登場。**

★大水 dàshuǐ　　　　　　洪水。本文にある"发水了"あるいは"发大水了"は口語です。

★洪涝 hónglào　　　　　洪水による災害。"涝"は畑にたまった水のこと。

★洪灾 hóngzāi　　　　　洪水による災害。

★山洪 shānhóng　　　　山津波。土砂崩れ。

★蓄滞洪区 xùzhìhóngqū　遊水池。もしくは遊水地。"蓄"は貯める、"滞"は止める。

★分洪 fēnhóng　　　　　いくつかの下流に分散して放水する。

★抗洪 kànghóng　　　　洪水と闘う。

★泄洪 xièhóng　　　　　放水する。

★防洪 fánghóng　　　　洪水を防止する。洪水対策。

北京中轴线申遗，让历史对话未来！

北京の鼓楼（手前）と鐘楼（奥）

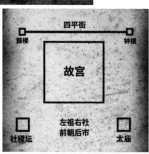

中国伝統の都市計画

夏王朝成立以来中国五千年の発展は、一面、都市の発展史でもあり、様々な発掘から、各時代の都城の配置が鮮明に蘇ってきます。
　こうした都城の設計構想の柱となるのが中軸線で、現在の首都北京にも脈々と受け継がれているのです。

13

在 北京 这 座 历史悠久 的 都城, 有 一 条
Zài Běijīng zhè zuò lìshǐyōujiǔ de dūchéng, yǒu yì tiáo

长达 7.8 公里 的 中轴线, 这 条 线 南 起
chángdá qīdiǎnrbā gōnglǐ de Zhōngzhóuxiàn, zhè tiáo xiàn nán qǐ

永定门, 北 至 钟鼓楼, 纵贯了 这 座 古老 都市
Yǒngdìngmén, běi zhì Zhōng-Gǔlóu, zòngguànle zhè zuò gǔlǎo dūshì

的 心脏。
de xīnzàng.

据 了解, 北京中轴线 诞生于 元代, 形成、
Jù liǎojiě, Běijīngzhōngzhóuxiàn dànshēngyú Yuándài, xíngchéng、

完善 于 明清 至 近现代, 历经 750余 年, 是
wánshàn yú Míng-Qīng zhì jìnxiàndài, lìjīng qībǎiwǔshíyú nián, shì

世界 上 现存 最 完整 的 古代城市轴线。
shìjiè shang xiàncún zuì wánzhěng de gǔdàichéngshìzhóuxiàn.

中轴线 体现了 中国都市规划 的 基本理念:
Zhōngzhóuxiàn tǐxiànle Zhōngguódūshìguīhuà de jīběnlǐniàn:

以中为尊、面朝后市、左祖右社、左右对称。这 个
yǐzhōngwéizūn、miàncháohòushì、zuǒzǔyòushè、zuǒyòuduìchèn. Zhè ge

理念 到 今天 依然 被 沿用。
lǐniàn dào jīntiān yīrán bèi yányòng.

今天 的 中轴线 上, 不仅有 昔日 的 钟楼、
Jīntiān de Zhōngzhóuxiàn shang, bùjǐn yǒu xīrì de Zhōnglóu、

鼓楼、故宫、天安门、天坛 等 主要 建筑群, 还 有
Gǔlóu、 Gùgōng、 Tiān'ānmén、Tiāntán děng zhǔyào jiànzhùqún, hái yǒu

70 年代 建造 的 毛主席纪念堂, 以及 21 世纪 后
qīshí niándài jiànzào de Máozhǔxíjìniàntáng, yǐjí èrshíyī shìjì hòu

建造 的 奥林匹克公园。
jiànzào de Àolínpǐkègōngyuán.

2011 年 始, 北京市 启动了 北京中轴线
Èrlíngyīyī nián shǐ, Běijīngshì qǐdòngle Běijīngzhōngzhóuxiàn

申遗工作, 10余 年 里, 取得了 一系列 考古成果,
shēnYígōngzuò, shíyú nián li, qǔdéle yíxìliè kǎogǔchéngguǒ,

尤其 是 发现了 明 嘉靖 三十二 年 以来 的 七 条
yóuqí shì fāxiànle Míng Jiājìng sānshí'èr nián yǐlái de qī tiáo

解読の手がかり

以中为尊：「中心を以て尊しとする」。"以～为…" は論説体の常用表現です。
四字句にもよく使われます。

　例文 1：四川菜以辣为特色。
　　　　　Sìchuāncài yǐ là wéi tèsè.

　例文 2：城市设计要以人为本。
　　　　　Chéngshìshèjì yào yǐrénwéiběn.

不仅有～还有…：「～があるだけでなく…もある」。"不仅" の代わりに "不
但"、"还" の代わりに "也" が使われることもあります。

　例文 1：日本的大学不仅要学第一外语，还要学第二外语。
　　　　　Rìběn de dàxué bùjǐn yào xué dìyī wàiyǔ, hái yào xué dì'èr wàiyǔ.

　例文 2：菊花不但能供人观赏，也能用来泡茶。
　　　　　Júhuā búdàn néng gōng rén guānshǎng, yě néng yònglái pàochá.

語　注

中轴线	（タイトル注）「中軸線」
申遗	（タイトル注）「世界遺産登録を申請する」
让～	（タイトル注）「～させる」⇒ p.89 解読の手がかり
座	都市や建造物、山などを数える量詞。
南起永定门，北至钟鼓楼	「南は永定門から、北は鐘楼・鼓楼まで」
纵贯	「縦貫する」「縦断する」
诞生于～	「～に生まれる」⇒ p.51 解読の手がかり
历经～	「～を経る」
面朝后市、左祖右社、左右对称	「王宮の南に朝廷、北に市場を配すること、王宮の左（東）に祖廟、右（西）に社稷（土地の神と穀物の神）を配すること、左右対称であること」。ただし、"面朝后市" の解釈は諸説あります。
故宫、天安门、天坛	「故宮、天安門、天壇」
毛主席纪念堂	「毛主席記念堂」
奥林匹克公园	「オリンピックパーク」
一系列	「一連の」
尤其是	「とりわけ」。会話体の "特别是" に相当。
明嘉靖三十二年	「明の嘉靖三十二年」。西暦 1553 年。

道路，厘清了明清以来南中轴路的历史脉络。

而让市民、游客津津乐道的，便是北京市政府自2021年开始实施的"点亮中轴线"项目。"夜色降临，灯火渐亮，置身中轴线区域，古与今的气氛交织碰撞，让人有一种在北京历史长河中遨游的感觉。"摄影爱好者王喆说。

带孩子一同来看，也是部分北京市民进行周末亲子游的首选。"帮助孩子了解北京中轴线的发展历程，不仅可以拓展他们的知识面，更能提升他们的文化自信。"不少北京市民表示。

北京中轴线申遗团队负责人吕舟说，"中轴线强调了中国理想都城秩序的塑造和其对整个城市形态的控制。我们将在2024年的世界遗产大会上提出北京中轴线的申遗。"

解読の手がかり

自 2021 年**开始实施**：「2021 年から実施された」。"自"は起点を表し、会話体の"从"に相当します。"自～开始…"は「～から…する」と「～から…を始める」の両方の意味があり、ここではどちらとも解釈できます。

例文1：在中国，新学期都是自 9 月 1 日开始的。
　　　　Zài Zhōngguó, xīnxuéqī dōu shì zì jiǔ yuè yī rì kāishǐ de.

例文2：自疫情开始后，很多人提高了卫生意识。
　　　　Zì yìqíng kāishǐ hòu, hěnduō rén tígāole wèishēngyìshi.

其对整个城市形态的控制：「都市形態全体に対するその統制」。［"A 对 B 的"＋名詞］の構造は、介詞フレーズを先に訳す癖をつけましょう。前から順に「その都市形態全体に対する」と訳していくと、「その」が「都市」に係るようにも見えてしまいますが、実際には「統制」に係っています。介詞は"对"に限りません。

例文1：消费者对商品质量的关注度越来越高。
　　　　Xiāofèizhě duì shāngpǐn zhìliàng de guānzhùdù yuèláiyuè gāo.

例文2：AI 在工作中的应用已经很普遍了。
　　　　AI zài gōngzuò zhōng de yìngyòng yǐjīng hěn pǔbiàn le.

語　注

厘清	「(史実を) きちんと整理する」
津津乐道	(四字成語)「楽しそうに話す」
"点亮中轴线"项目	「『中軸線ライトアップ』プロジェクト」
灯火渐亮	「明かりが灯り始める」
交织碰撞	「入り混じり、ぶつかり合う」
遨游	「気の向くままぶらぶらする」
王喆	(人名)「王喆（おう・てつ）」
带～一同	「～を連れて一緒に」
亲子游	「親子ツアー」
首选	「第一候補」「第一選択」
～团队负责人	「～チームの責任者」
吕舟	(人名)「呂舟（りょ・しゅう）」
塑造	「(イメージを) 作り上げる」

　中国は 1985 年に〈世界の文化遺産及び自然遺産の保護に関する条約〉に加盟、2014 年には「シルクロード：長安－天山回廊の交易路網」と「中国大運河」が同時登録、2021 年には「泉州：宋元中国の世界海洋商業貿易の中心」が登録され、中国の世界遺産は 56 と世界第 2 位をキープしています。

　大運河が登録されたころ、私、三潴は、本格的に観光整備が始まる前の様子を見ておきたいと自ら観光団を組織、北京－天津－聊城－梁山－済寧－曲阜－徐州－淮安－揚州－鎮江－上海と見て回りました。当時、北半分は、溝はあるものの水はほぼなく、雑草とゴミ溜りになっていました。

　大運河は京杭大運河・隋唐大運河・浙東運河で構成され、全長 3200 キロ、2500 年余りの歴史を持ちます。2020 年以降、全面的な改修、川沿いの湿地の回復、博物館の整備などが進められ、2022 年 4 月には京杭大運河の北京・河北両区間 62 キロが水上観光ルートとして再生しました。

　一方、ここ 1 年、関連記事が急速に増加したのが 2012 年に登録予定リストにアップされた「北京中軸線」。北は鼓楼に始まり南は永定門に至る全長 7.8 キロの北京中軸線は古都北京の骨格をなしています。2022 年 5 月、北京市は〈北京中軸線文化遺産保護条例〉を承認、また、2023 年 1 月には〈北京中軸線保護管理プラン（2022-2035）〉も実施され、中軸線の遺産エリア・緩衝エリアなど、保護地域が明確に定義されました。元代から今日までおよそ 700 年以上の歴史を持つ中軸線上には、天壇・天安門・故宮・景山などが連なり、故宮・天壇・万寧橋はそれぞれがすでに世界遺産になっていますし、毛沢東記念堂もまたその線上にあります。中国の都市建設における南北の中心軸とそれをはさんだ左右対称は北魏、孝文帝による洛陽の建設に始まり、隋唐、また、日本にも影響を与えていったのです。

コトバあれこれ ── 流行語 vs. 古典。古人圧勝！（1）

①和你说不通。Hé nǐ shuōbutōng.　「あなたと話が通じない！」

　vs. 井蛙不可以语于海者，夏虫不可以语于冰者。

　Jǐngwā bùkěyǐ yǔyú hǎizhě, xiàchóng bùkěyǐ yǔyú bīngzhě.（紀元前300年・荘子）

　「井戸の中の蛙に海のことを語るべからず、夏の虫には氷のことを語るべからず」

②颜值爆表。Yánzhí bàobiǎo.　　　　「計量器が壊れるほどルックスがすばらしい」

　vs. 回眸一笑百媚生。Huímóu yíxiào bǎimèi shēng.（唐・白楽天）

　「眸をめぐらせ、一たび微笑めば、なんともなまめかしい」

出口 "新三样" 走俏

Chūkǒu "xīnsānyàng" zǒuqiào

中国の新エネルギー車は北欧でも注目を集める

比喩的用語「三種の神器」はいつもその
時代の生活や経済を象徴する言葉として使
われます。

最近新聞で見かける言葉が「輸出上の三
種の神器」。中国先端科学技術の発展を象
徴する言葉ですが、低迷する貿易にテコ入
れする決定打になるのでしょうか。

海关总署 在 2023 年 6 月 7 日 发布 的
Hǎiguānzǒngshǔ zài èrlíng'èrsān nián liù yuè qī rì fābù de

数据 显示, 2023 年 前 五 个 月, "新三样" 出口
shùjù xiǎnshì, èrlíng'èrsān nián qián wǔ ge yuè, "xīnsānyàng" chūkǒu

表现 十分 亮眼, 并 有望 延续 良好 增长态势。
biǎoxiàn shífēn liàngyǎn, bìng yǒuwàng yánxù liánghǎo zēngzhǎngtàishì.

"新三样", 即 电动载人汽车、 锂电池、 太阳能电池。
"Xīnsānyàng", jí diàndòngzàirénqìchē、 lǐdiànchí、 tàiyángnéngdiànchí.

服装、 家具、家电, 通常 被 称作 外贸 "老三样"。
Fúzhuāng、 jiājù、 jiādiàn, tōngcháng bèi chēngzuò wàimào "lǎosānyàng".

如今, 在 "老三样" 稳扎稳打 的 同时, "新三样"
Rújīn, zài "lǎosānyàng" wěnzhāwěndǎ de tóngshí, "xīnsānyàng"

异军突起, 成为 中国外贸 的 主力军。
yìjūntūqǐ, chéngwéi Zhōngguówàimào de zhǔlìjūn.

外贸 是 观察 一国 经济 的 重要 窗口。
Wàimào shì guānchá yìguó jīngjì de zhòngyào chuāngkǒu.

从 改革开放 之初 的 衬衫、 毛衣、 袜子, 到 服装、
Cóng Gǎigékāifàng zhīchū de chènshān、 máoyī、 wàzi, dào fúzhuāng、

家电、 家具, 再到 现在 的 "新三样", 外贸出口产品
jiādiàn、 jiājù, zài dào xiànzài de "xīnsānyàng", wàimàochūkǒuchǎnpǐn

的 "新旧交替", 折射出 中国经济发展 的 变化。
de "xīnjiùjiāotì", zhéshèchū Zhōngguójīngjìfāzhǎn de biànhuà.

谁 在 购买 "新三样"? 海关 数据 显示, 今年
Shéi zài gòumǎi "xīnsānyàng"? Hǎiguān shùjù xiǎnshì, jīnnián

一季度, 中国 "新三样" 对 欧盟、 美国、 东盟、
yījìdù, Zhōngguó "xīnsānyàng" duì Ōuméng、 Měiguó、 Dōngméng、

韩国 和 英国 前 五大市场 出口 分别 增长
Hánguó hé Yīngguó qián wǔdàshìchǎng chūkǒu fēnbié zēngzhǎng

88.7%、 88.1%、 103.5%、
bǎifēnzhībāshibādiǎnrqī、 bǎifēnzhībāshibādiǎnrī、 bǎifēnzhīyìbǎilíngsāndiǎnrwǔ、

解読の手がかり

从 A 到 B 再到 C：「A から B へ、さらに C へ」。起点と最終的な終点の間に経
由点がある場合に使う表現です。

　例文1：从相识到相知，再到相爱，是有缘的。
　　　　　Cóng xiāngshí dào xiāngzhī, zài dào xiāng'ài, shì yǒuyuán de.

　例文2：从追赶时代到与时代并行，再到引领时代开创未来。
　　　　　Cóng zhuīgǎn shídài dào yǔ shídài bìngxíng, zài dào yǐnlǐng shídài kāichuàng
　　　　　wèilái.

增长 88.7%：「88.7% 増えた」。増え幅を表します。到達点を表す "增长<u>到</u>
88.7%" 「88.7% <u>まで</u>増えた」と混同しないように注意しましょう。

　例文1：国有企业的利润比上年增长了 1.5 倍。
　　　　　Guóyǒuqǐyè de lìrùn bǐ shàngnián zēngzhǎngle yìdiǎnrwǔ bèi.

　例文2：通过保护，日本的朱鹮数量在 2023 年增加到 116 只。
　　　　　Tōngguò bǎohù, Rìběn de zhūhuán shùliàng zài èrlíng'èrsān nián zēngjiādào
　　　　　yìbǎiyīshíliù zhī.

語　注

新三样	（タイトル注）「新しい三種の神器」
走俏	（タイトル注）「売れ行きが好調」
海关总署	「税関総署」。輸出入の監督管理、および税関事務を司る政府機関。
出口	「輸出」
表现十分亮眼	「成績が目を見張るほどすばらしい」
并	「しかも」
有望～	「～（の）見込みがある」
电动载人汽车、锂电池、太阳能电池	「電気自動車、リチウム電池、太陽電池」
稳扎稳打	「着実に推移している」
异军突起	（四字成語）「新しい勢力として現れる」
衬衫、毛衣、袜子	「シャツ、セーター、靴下」
折射出～	「～を反映する」「～を浮き彫りにする」
显示～	「～を見せる」「～を表す」
欧盟、美国、东盟、韩国和英国	「EU、アメリカ、ASEAN、韓国、イギリス」

121.7% 和 118.2%, 规模合计 占
bǎifēnzhīyìbǎi'èrshiyìdiǎnrqī hé bǎifēnzhīyìbǎiyìshibādiǎnr'èr, guīmóhéjì zhàn

"新三样" 出口总值 的 71.6%。 中国外贸
"xīnsānyàng" chūkǒuzǒngzhí de bǎifēnzhīqīshiyìdiǎnrliù. Zhōngguówàimào

正在 从 低端加工 向 高端制造 升级。
zhèngzài cóng dīduānjiāgōng xiàng gāoduānzhìzào shēngjí.

"新三样" 为何 能 风靡 全球? 这 主要 是 因为
"Xīnsānyàng" wèihé néng fēngmǐ quánqiú? Zhè zhǔyào shì yīnwèi

全球经济 呈现了 两 个 特点, 一 是 环保意识 的
quánqiújīngjì chéngxiànle liǎng ge tèdiǎn, yī shì huánbǎoyìshi de

提高, 二 是 重视 可持续发展, 因此, 新能源产业
tígāo, èr shì zhòngshì kěchíxùfāzhǎn, yīncǐ, xīnnéngyuánchǎnyè

逐渐 成为 全球热点。 2023 年 4 月 的 广交会
zhújiàn chéngwéi quánqiúrèdiǎn. Èrlíng'èrsān nián sì yuè de Guǎngjiāohuì

上, 来自 瑞典 的 采购商 弗雷德里克 说:"瑞典
shang, láizì Ruìdiǎn de cǎigòushāng Fúléidélǐkè shuō:"Ruìdiǎn

和 其他 北欧国家 对 太阳能产品 有 巨大 的 需求,
hé qítā Běi-Ōuguójiā duì tàiyángnéngchǎnpǐn yǒu jùdà de xūqiú,

因为 看重 中国产品、 中国技术, 我们 想 和
yīnwèi kànzhòng Zhōngguóchǎnpǐn, Zhōngguójìshù, wǒmen xiǎng hé

中国 做 生意。"
Zhōngguó zuò shēngyi."

有 专家 指出,"未来 一 个 时期,'新三样'
Yǒu zhuānjiā zhǐchū, "Wèilái yí ge shíqī, 'xīnsānyàng'

出口 仍 有 较大 增长空间。 从 外部 来看, 全球
chūkǒu réng yǒu jiàodà zēngzhǎngkōngjiān. Cóng wàibù láikàn, quánqiú

对 新能源、绿色低碳发展 的 重视程度 在 逐步
duì xīnnéngyuán、 lùsèdītànfāzhǎn de zhòngshìchéngdù zài zhúbù

提高,'新三样'产品 的 国际市场需求 仍 很 旺盛。"
tígāo, 'xīnsānyàng' chǎnpǐn de guójìshìchǎngxūqiú réng hěn wàngshèng."

解読の手がかり

来自瑞典:「スウェーデンから来た」。"自"は起点を表し、論説体では［動詞 ＋"自"］の形もよく使われます。

> 例文1：真正的自律是发自内心的。
> Zhēnzhèng de zìlǜ shì fāzì nèixīn de.

> 例文2："久久为功"这个成语出自司马迁的《史记》。
> "Jiǔjiǔwéigōng" zhè ge chéngyǔ chūzì Sīmǎ-Qiān de «Shǐjì».

有专家指出〜:「〜と指摘する専門家がいる」。［"有"＋名詞（N）＋動詞性修飾語（V）］の構造は、動詞性の修飾語が後ろから名詞を修飾するものです。「VするNがある」と訳しますが、この文のように「ある専門家は〜と指摘する」と訳せる場合も多いのです。

> 例文1：为啥有点事，就有人囤盐?
> Wèishá yǒu diǎn shì, jiù yǒu rén tún yán?

> 例文2：总有很多人相信"世界末日论"。
> Zǒng yǒu hěnduō rén xiāngxìn "shìjièmòrìlùn".

語　注

低端、高端	「ローエンド、ハイエンド」
为何	「どうして」。会話体の"为什么"に相当。
风靡〜	「〜を風靡する」
呈现〜	「〜を表している」「〜を見せている」
环保意识	「環境保護意識」
可持续发展	「持続可能な発展」
新能源产业	「新エネルギー産業」
逐渐	「次第に」。会話体の"渐渐"に相当。
热点	「ホットな話題」「関心事」
广交会	「広州交易会」。正式名称は中国輸出入商品交易会。1957年に創設され、毎年春と秋に開催。中国で最も歴史があり、最も規模が大きい国際貿易見本市。
采购商	「バイヤー」
弗雷德里克	（人名）「フレドリク」
看重	「重視する」
仍	「なおも」。会話体の"仍然"に相当。
绿色低碳发展	「グリーンで低炭素な発展」

　中国税関総署によると、2022 年の貿易総額は輸出入額とも過去最高、とはいえ、輸出は 7.0% 増、輸入は 1.1% 増とかろうじて成長を保つに止まりました。増加の要因は一帯一路沿線国への貿易が伸びたことで、対アフリカ、中南米の増加率が 14% 以上に達しました。製品から見ると、工業製品の輸出が 9.9% 増加し、なかでも、太陽電池・リチウム電池・EV などの増加が注目されました。自動車の輸出台数も前年比 54.4% 増の 311.1 万台となり、新エネ車の増加ぶりが目立っています。しかし、10 〜 12 月は、欧米の相次ぐ利上げの影響を受け、7% 減と急落、近年 3 割近くを外需で賄っていた経済成長への影響は大きく、通年実質成長率は 3% と、政府予想の5.5% 前後を大きく下回りました。

　政府はどんな対外貿易政策を取っているのでしょうか。2021 年 12 月には〈中国輸出管理統制白書〉を公布、「ある特定の国」の「国の安全を拡大解釈し、規制の口実を捏造する」やり口と、閉鎖的なグループを作ることを厳しく非難する一方、2022 年年初の〈中長期的視野による調節で対外貿易を一層発展させる意見〉では、EC 商務総合試験区の増設やオフショア貿易中心都市の育成などによる対外貿易新業態の発展、中小零細対外貿易企業の対外貿易供給チェーンの困難緩和促進、東部・西部・東北部が一体となった国家加工貿易産業パーク建設による加工貿易システムの構築など、全 15 条の措置を打ち出しました。また、国務院弁公室は〈内外貿易一体化推進に関する意見〉で、知財権問題発生時のサポート、企業のイノベーションの後押しなど、内外貿易融合発展モデルの創出を謳いました。また、2023 年 1 月からは一部の輸出入関税が調整され、1020 の商品に対して、最恵国待遇を下回る輸入暫定税率も実施されています。

コトバあれこれ ── 流行語 vs. 古典。古人圧勝！ (2)

③认真，你就输了。Rènzhēn, nǐ jiù shū le. 「本気になったらお前の負けだ」

　vs. 蜗牛角上争何事？Wōniújiǎo shang zhēng hé shì?（白楽天）

「カタツムリの角の上で争うな」

④世界那么大，我想去看看。Shìjiè nàme dà, wǒ xiǎng qù kànkan.

「広い世の中を見に行きたい！」

　vs. 天高地阔，欲往观之。Tiāngāodìkuò, yù wǎng guān zhī.（唐・賈島）　「同義」

⑤心好累。Xīn hǎo lèi.（心がズタズタ）

　vs. 心如死灰。Xīn rú sǐhuī.（荘子）　　　「心は燃え尽きた灰のごとし」

⑥重要的事说三遍。Zhòngyào de shì shuō sān biàn. 「大事なことは三回言う」

　vs. 三令五申。Sān lìng wǔ shēn.（前漢・司馬遷）　「何度も強調する」

"村 BA" 风靡中国乡村

"CūnBA" fēngmǐ Zhōngguó xiāngcūn

選手と観客が一体となって盛り上がる「村 BA」

　貧困を脱却し、さらなる発展を目指す中国の農村。農村観光事業や技術集約型農業が目覚ましく発展しています。
　一方、そこで暮らす住民たちの生活向上も重要な課題。衣食足りる生活からゆとりある健康で文化的な生活へ、その願いはますます広がっていくばかりです。

伴随着 一 记 远距离三分球, 宁夏 固原市
Bànsuízhe yí jì yuǎnjùlísānfēnqiú, Níngxià Gùyuánshì

彭阳县 的 体育馆 爆发出 阵阵 欢呼, 坐在
Péngyángxiàn de tǐyùguǎn bàofāchū zhènzhèn huānhū, zuòzài

观众席 前排 的 青年 激动地 挥舞 双手, 呼唤着
guānzhòngxí qiánpái de qīngnián jīdòngde huīwǔ shuāngshǒu, hūhuànzhe

场上 球员 的 名字。这 是 2023 年 4 月 12
chǎngshang qiúyuán de míngzi. Zhè shì èrlíng'èrsān nián sì yuè shí'èr

日 举行 的 宁夏 第六 届 农民篮球争霸赛 决赛,
rì jǔxíng de Níngxià dìliù jiè nóngmínlánqiúzhēngbàsài juésài,

不少人 一大早 就 来到 彭阳县体育馆 外 排队, 为
bùshǎo rén yídàzǎo jiù láidào Péngyángxiàntǐyùguǎn wài páiduì, wèi

支持 的 球队 加油 助威。
zhīchí de qiúduì jiāyóu zhùwēi.

这 类 充满 乡土气息 的 乡村篮球赛事, 带着
Zhè lèi chōngmǎn xiāngtǔqìxī de xiāngcūnlánqiúsàishì, dàizhe

"亲民"、"草根" 的 标记, 在 社交网络 上 被
"qīnmín"、"cǎogēn" de biāojì, zài shèjiāowǎngluò shang bèi

称为 "村BA"。近年来, 宁夏、甘肃、河南、贵州、
chēngwéi "cūnBA". Jìnniánlái, Níngxià、Gānsù、Hé'nán、Guìzhōu、

广东 等 地 纷纷 举办 乡村篮球赛事。"村BA" 已
Guǎngdōng děng dì fēnfēn jǔbàn xiāngcūnlánqiúsàishì. "CūnBA" yǐ

成为 民众 参与率 较 高 的 体育运动赛事, 宁夏
chéngwéi mínzhòng cānyùlù jiào gāo de tǐyùyùndòngsàishì, Níngxià

第五 届 农民篮球争霸赛 的 直播, 累计观看量 突破
dìwǔ jiè nóngmínlánqiúzhēngbàsài de zhíbō, lěijìguānkànliàng tūpò

107万 人次。贵州省 首届"美丽乡村" 篮球联赛
yìbǎilíngqīwàn réncì. Guìzhōushěng shǒujiè "Měilìxiāngcūn" lánqiúliánsài

总决赛, 吸引了 约 2万 人 现场 观赛。
zǒngjuésài, xīyǐnle yuē liǎngwàn rén xiànchǎng guānsài.

中国乡村 长久以来 一直 推广 篮球运动。
Zhōngguóxiāngcūn chángjiǔyǐlái yìzhí tuīguǎng lánqiúyùndòng.

宁夏 西吉县篮球协会 主席 单明成 回忆, 当地人
Níngxià Xījíxiànlánqiúxiéhuì zhǔxí Shàn-Míngchéng huíyì, dāngdìrén

解読の手がかり

爆发出阵阵欢呼：「そのたびにわっと歓声が上がる」。"阵"は一定時間続くものを数える量詞です。量詞を重ね型にすると、それぞれすべてという意味を表します。

> 例文1：好好学习，天天向上。
> Hǎohǎo xuéxí, tiāntiān xiàngshàng.

> 例文2：京都的老街，条条都干净整洁。
> Jīngdū de lǎojiē, tiáotiáo dōu gānjìngzhěngjié.

被称为～：「～と呼ばれる」。"被"は受身を表します。"被"の後に動作者が入ることもあります。

> 例文1：这个遗址是在两年前被发现的。
> Zhè ge yízhǐ shì zài liǎng nián qián bèi fāxiàn de.

> 例文2：密码多次输入错误，就会被系统拦截。
> Mìmǎ duō cì shūrù cuòwù, jiù huì bèi xìtǒng lánjié.

語 注

村 BA	（タイトル注）「村 BA」。NBA をもじった名称。農村地域で、農民が選手として参加するバスケットボール大会のこと。
记	動作の回数を数える量詞。スポーツで得点があるときよく使われます。
三分球	「スリーポイントシュート」
宁夏固原市彭阳县	（地名）「寧夏回族（ねいかかいぞく）自治区固原（こげん）市彭陽（ほうよう）県」
激动地挥舞双手	「興奮して両手を打ち振る」⇒"地"は p.59 解読の手がかり
宁夏第六届农民篮球争霸赛决赛	
	「寧夏第6回農民バスケットボールチャンピオンシップ決勝戦」
一大早	「朝早くから」
社交网络	「ソーシャルネットワーク」
甘肃、河南、贵州、广东	（地名）「甘粛（かんしゅく）省、河南（かなん）省、貴州（きしゅう）省、広東（カントン）省」
直播	「生中継」「ライブ配信」
首届 "美丽乡村" 篮球联赛总决赛	
	「第1回『美しい農村』バスケットボールリーグ決勝戦」
西吉县	（地名）「西吉（せいきち）県」
单明成	（人名）「単明成（ぜん・めいせい）」
当地人	「現地の人」「地元の人」

过去 是 在 黄土地 里 打 篮球，"一 场 比赛 下来
guòqù shì zài huángtǔdì li dǎ lánqiú, "Yì chǎng bǐsài xiàlai

全身 都 是 泥土。"但是，现在，这里 已 建成 多
quánshēn dōu shì nítǔ." Dànshì, xiànzài, zhèli yǐ jiànchéng duō

个 体育场馆，"到了 周末，体育馆 里 都 是 来 打球
ge tǐyùchǎngguǎn, "Dàole zhōumò, tǐyùguǎn li dōu shì lái dǎqiú

的 人。"
de rén."

宁夏 西吉县 农民主播 王凤强 曾 直播过
Níngxià Xījíxiàn nóngmínzhǔbō Wáng-Fēngqiáng céng zhíbōguo

多 场 "村BA"，观赛村民 的 热情 给 他 留下了
duō chǎng "cūnBA", guānsàicūnmín de rèqíng gěi tā liúxiàle

深刻 的 印象，"现场 人山人海，有 的 人 带着
shēnkè de yìnxiàng, "Xiànchǎng rénshānrénhǎi, yǒu de rén dàizhe

干粮，一整天 都 待在 那里 看 比赛。"
gānliang, yìzhěngtiān dōu dāizài nàli kàn bǐsài."

截至 2022 年底，中国 体育场地 面积 达
Jiézhì èrlíng'èr'èr niándǐ, Zhōngguó tǐyùchǎngdì miànjī dá

37.02亿 平方米，其中 村委会 设置 的
sānshiqīdiǎnrlíng'èryì píngfāngmǐ, qízhōng cūnwěihuì shèzhì de

体育场地 面积 达 7.71亿 平方米。随着 硬件设施
tǐyùchǎngdì miànjī dá qīdiǎnrqīyīyì píngfāngmǐ. Suízhe yìngjiànshèshī

的 提升，越来越 多 的 村民 开始 积极 参与
de tíshēng, yuèláiyuè duō de cūnmín kāishǐ jījí cānyù

体育运动。有 人 认为，未来，可以 把 乡村 的
tǐyùyùndòng. Yǒu rén rènwéi, wèilái, kěyǐ bǎ xiāngcūn de

地域特色、文旅产业、农特产品 等 跟 体育运动
dìyùtèsè、 wénlǚchǎnyè、 nóngtèchǎnpǐn děng gēn tǐyùyùndòng

结合起来，进一步 提高 乡村民众 的 物质 和
jiéhéqǐlai, jìnyíbù tígāo xiāngcūnmínzhòng de wùzhì hé

精神 生活。
jīngshén shēnghuó.

解読の手がかり

<u>曾直播过</u>：「ライブ配信したことがある」。"曾～过" は「かつて～したことが
　ある」。会話体の "曾经～过" に相当します。論説体では "曾" だけでも過
　去の経験を表します。

　例文1：诸葛亮曾做过三个预言，都应验了。
　　　　　Zhūgě-Liàng céng zuòguo sān ge yùyán, dōu yìngyàn le.
　例文2：媒体曾发起过对家庭暴力问题的调查。
　　　　　Méitǐ céng fāqǐguo duì jiātíngbàolìwèntí de diàochá.

<u>越来越多</u>：「ますます多い」。"越来越～" は「ますます～だ」という意味です。
　"越…越～"「…すればするほど～になる」も併せて押さえておきましょう。

　例文1：追求生活享受的人越来越多。
　　　　　Zhuīqiú shēnghuó xiǎngshòu de rén yuèláiyuè duō.
　例文2：生态环境越来越好，鸟儿也越来越多了。
　　　　　Shēngtàihuánjìng yuèláiyuè hǎo, niǎor yě yuèláiyuè duō le.

語　注

一场比赛下来	「一試合が終わる（と）」。"场" は試合の回数を数える量詞。"下来" はある期間が過ぎるという意。
主播	「キャスター」。今は「ユーチューバー」の意としても使われます。
王风强	(人名)「王風強（おう・ふうきょう）」
给～留下了深刻的印象	「～に強い印象を与えた」
人山人海	(四字成語)「人の山、人の海」「黒山の人だかり」
干粮	「(主に小麦粉で作られた) 携帯食品」
一整天	「丸一日」
截至～	「～までに」「～現在」
随着～的提升	「の上昇につれて」
硬件设施	「ハード面の施設整備」
把～跟…结合起来	「～を…と結びつける」⇒ p.41 解読の手がかり
进一步	「さらに」

データによると、2021 年の中国全国民健康素養レベル、すなわち健康に対する情報取得と正しい判断力、健康維持能力レベルは 25.4％に上昇した（2012 年：8.8％）とのこと。

中国は 2014 年に国民の健康増進を国家戦略として位置づけ、2021 年には〈全民健身計画（2021-2025）〉を配布、2025 年までに国民の健康をサポートする公共サービスシステムを整備し、経常的に各種スポーツに参加する国民の割合を 38.5％にまで高め、県（市、区）、郷鎮（街道）、行政村（社区）の 3 行政レベルをカバーする公共トレーニング施設と、社区 15 分トレーニング圏を設け、国民千人ごとに社会スポーツ指導員 2.16 名を配置し、全国のスポーツ産業規模を 5 兆元に拡大すると宣言しました。

また、2022 年には、北京冬季オリンピック、パラリンピックの成功を通してウインタースポーツの参加者 3 億人を達成、併せて医療・衛生も含めた総合的な〈第 14 次 5 カ年計画（2021-25）国民健康プラン〉を発表しています。地域的側面から見ると、農村振興の一環としての体育も重要視され、2022 年には〈"十四五"農民体育向上発展推進に関する指導意見〉が出され、施設の整備やイベントの開催などが精力的に進められています。

教育との連携も図られています。政府は 2020 年 9 月に〈体育と教育の融合を本格的に進め、青少年の健康的発展を促進する意見〉を出し、8 方面 37 項目の具体的な措置を提起しました。これにより、カリキュラムの中に体育科目が大幅に取り入れられ、各学校が特色ある種目に取り組むなどのケースが各地で見られました。

2023 年 1 月、改訂〈体育法〉が施行されました。その第 7 章には新たに体育産業という項目も加えられています。

👤 **コトバあれこれ ── ネット用語で、品詞まで変わる！（動詞編）**

★ **"安利"**：もともとは、勧誘して会員を増やすことで報酬を得る米企業「アムウェイ」の中国語名。「いいものをお勧めする」という動詞で、"给你安利一部好电影"「いい映画をお勧めします」のような使い方もあります。私も「コトバあれこれ」を"安利"しちゃおう！

★ **"嘴"**： 武漢あたりの方言では「言う」という意味で使われていますが、ネットでは、「人を罵る」"嘴人"や「キスする」"嘴你"と使われ、意味の範囲が広がりました。

★ **"粉"**： "粉丝（fans）"から、"粉我一下"「ファン／フォロワーになってくれ」、"我粉你一下"「ファン／フォロワーになってあげる」といった使い方が若者の間で流行っています。

脱下 "孔乙己长衫"

Tuōxià "Kǒng-Yǐjǐ chángshān"

養豚場で働く雨昕さん

就職難に喘ぐ中国の若者たち。失業率は20%を超え、ついには政府が統計発表を差し控える事態に。

政府は各部門・地方政府・経済界に雇用拡大を呼びかける一方、若者に、自ら起業したり、農村建設に積極的に参加したりするよう勧めています。

2023 年 3 月，一个 年轻人 在 网上
Èrlíng'èrsān nián sān yuè, yí ge niánqīngrén zài wǎngshàng

吐槽 说："如果 我 没有 上 大学，我 可以
tǔcáo shuō: "Rúguǒ wǒ méiyǒu shàng dàxué, wǒ kěyǐ

开开心心地 去 工厂 拧 螺丝。学历 是 我 下不来
kāikāixīnxīnde qù gōngchǎng nǐng luósī. Xuélì shì wǒ xiàbulái

的 高台，更是 孔乙己 脱不下来 的 长衫。" 这 句
de gāotái, gèngshì Kǒng-Yǐjǐ tuōbuxiàlai de chángshān." Zhè jù

自嘲 的 话，引来了 大量 当下 年轻人 的 共鸣。
zìcháo de huà, yǐnláile dàliàng dāngxià niánqīngrén de gòngmíng.

"孔乙己" 是 鲁迅 的 小说《孔乙己》中 的
"Kǒng-Yǐjǐ" shì Lǔ-Xùn de xiǎoshuō «Kǒng-Yǐjǐ» zhōng de

主人公，总是 穿着 一 件 破旧 的 长衫，因为
zhǔréngōng, zǒngshì chuānzhe yí jiàn pòjiù de chángshān, yīnwèi

放不下 读书人 的 架子，不 愿意 做 体力劳动，一生
fàngbuxià dúshūrén de jiàzi, bú yuànyì zuò tǐlìláodòng, yìshēng

穷困潦倒。可以说 是 一百 年 前 "躺平" 的 象征。
qióngkùnliáodǎo. Kěyǐshuō shì yìbǎi nián qián "tǎngpíng" de xiàngzhēng.

当然，今天，也 有 一些 主动 脱下 "长衫" 的
Dāngrán, jīntiān, yě yǒu yìxiē zhǔdòng tuōxià "chángshān" de

高学历 年轻人。雨昕，大学 毕业 后，到 一 家
gāoxuélì niánqīngrén. Yǔ-Xīn, dàxué bìyè hòu, dào yì jiā

广告公司 工作，月薪 4000 元，加班 是 常态。她
guǎnggàogōngsī gōngzuò, yuèxīn sìqiān yuán, jiābān shì chángtài. Tā

不 知道 自己 创作 的 广告词 中 什么 是 "对
bù zhīdào zìjǐ chuàngzuò de guǎnggàocí zhōng shénme shì "duì

市场 有效 的"，只要 对方 满意 就 行。除了 在
shìchǎng yǒuxiào de", zhǐyào duìfāng mǎnyì jiù xíng. Chúle zài

收到 工资 的 那 一 刻 以外，工作，对 她 而言
shōudào gōngzī de nà yí kè yǐwài, gōngzuò, duì tā éryán

渐渐 失去了 意义。半年 后，她 辞掉 这 份 工作，
jiànjiàn shīqùle yìyì. Bànnián hòu, tā cídiào zhè fèn gōngzuò,

去了 一 家 养猪场。
qùle yì jiā yǎngzhūchǎng.

解読の手がかり

只要对方满意就行：「相手が満足しさえすればよい」。最低必要条件を表します。論説体では "就" の代わりに "便" が使われることもあります。

　　例文1：只要扫码，就能点餐。
　　　　　　Zhǐyào sǎomǎ, jiù néng diǎncān.
　　例文2：父母只要孩子做作业，就会高兴。
　　　　　　Fùmǔ zhǐyào háizi zuò zuòyè, jiù huì gāoxìng.

除了~以外：「~を除いて」。"除了" には除外と累加の2つの用法があります。ここでは前者です。累加の場合はこの後さらに "也" "还" が呼応します。

　　例文1：除了自己的专业以外，其余都一窍不通。
　　　　　　Chúle zìjǐ de zhuānyè yǐwài, qíyú dōu yíqiàobùtōng.
　　例文2：除了经验以外，还需要资金。
　　　　　　Chúle jīngyàn yǐwài, hái xūyào zījīn.

語　注

脱下	（タイトル注）「脱ぎ捨てる」
孔乙己	（タイトル注）（人名）「孔乙己（こう・おつき）」。魯迅の同名小説の主人公。
长衫	（タイトル注）「（男性用のひとえの）長い服」。"长衫" は知識人の象徴とも。
在网上吐槽	「ネットに投稿し、不平を言う」
如果~	「もし~なら」。仮定を表します。
开开心心地	「楽しげに」「喜んで」⇒ p.59 解読の手がかり
拧螺丝	「ねじを回す」。ここでは労働者になることを意味します。
下不来	「降りられない」「引っ込みがつかない」 ⇒ p.45 解読の手がかり
当下	「現在」「昨今」
放不下~的架子	「~の見栄を捨てられない」
穷困潦倒	「困窮して落ちぶれている」
躺平	「寝そべり」。2021 年の流行語。若者の一部が競争社会を忌避し、住宅購入などの高額消費、結婚・出産を諦めるライフスタイルを指します。
雨昕	（人名）「雨昕（う・しん）」
家	「社」「軒」。企業や店などを数える量詞。
对~而言	「~にとって」⇒ p.69 解読の手がかり

24 岁 吉林姑娘 小代，在 成为 某 家政公司
Èrshisì suì Jílíngūniang xiǎo-Dài, zài chéngwéi mǒu jiāzhènggōngsī

保洁工 前，在 某 世界500强 保险公司 工作。从
bǎojiégōng qián, zài mǒu shìjièwǔbǎiqiáng bǎoxiǎngōngsī gōngzuò. Cóng

"白领" 到 "蓝领"，他们 内心 不是 没有 困惑，也
"báilǐng" dào "lánlǐng", tāmen nèixīn búshì méiyǒu kùnhuò, yě

不 清楚 手中 这 份 "蓝领" 工作 会 做 多 久。
bù qīngchu shǒuzhōng zhè fèn "lánlǐng" gōngzuò huì zuò duō jiǔ.

但是，从 学历 和 职业 的 偏见 中 跳出来，做 一
Dànshì, cóng xuélì hé zhíyè de piānjiàn zhōng tiàochūlai, zuò yí

个 属于 自己 的 选择，这 是 他们 共同 的 心声。
ge shǔyú zìjǐ de xuǎnzé, zhè shì tāmen gòngtóng de xīnshēng.

2023 年 6 月 的 统计 显示，16 至 24
Èrlíng'èrsān nián liù yuè de tǒngjì xiǎnshì, shíliù zhì èrshisì

岁 人口 失业率 为 21.3%。而 2023 年
suì rénkǒu shīyèlǜ wéi bǎifēnzhī'èrshiyīdiǎnrsān. Ér èrlíng'èrsān nián

的 应届 大学毕业生 达到 1158万， 创
de yīngjiè dàxuébìyèshēng dádào yìqiānyìbǎiwǔshibāwàn, chuàng

史上最高，大学生 面临 的 就业压力 可想而知。
shǐshàngzuìgāo, dàxuéshēng miànlín de jiùyèyālì kěxiǎng'érzhī.

2023 年 5 月，教育部 等 提出，两 年 内
Èrlíng'èrsān nián wǔ yuè, Jiàoyùbù děng tíchū, liǎng nián nèi

要 调整 20% 左右 学科 专业，新设 一 批
yào tiáozhěng bǎifēnzhī'èrshí zuǒyòu xuékē zhuānyè, xīnshè yì pī

适应 新技术、新产业、新业态、新模式 的 专业，
shìyìng xīnjìshù、 xīnchǎnyè、 xīnyètài、 xīnmóshì de zhuānyè,

淘汰 不 适应 经济发展 的 专业。这 种 调整 的
táotài bú shìyìng jīngjìfāzhǎn de zhuānyè. Zhè zhǒng tiáozhěng de

目的 也 可以说 是 为了 帮助 大学生 更 容易
mùdì yě kěyǐshuō shì wèile bāngzhù dàxuéshēng gèng róngyì

找到 工作。
zhǎodào gōngzuò.

解読の手がかり

不是没有困惑：「戸惑いがないわけではない」。"不是没有" は二重否定です。

例文1：不是没有钱，而是有钱也买不到。
　　　　Búshì méiyǒu qián, érshì yǒu qián yě mǎibudào.

例文2：很多人并不是不知道规则，只是不在乎。
　　　　Hěnduō rén bìng búshì bù zhīdào guīzé, zhǐshì bú zàihu.

从~中跳出来：「~から飛び出す」。"跳出来" は動詞＋方向補語の形です。"出来" は中から外へ「出てくる」という方向を表しますが、「偏見から」なので抽象的なものです。

例文1：我看出来了，这是王老师的字。
　　　　Wǒ kànchūlai le, zhè shì Wáng lǎoshī de zì.

例文2：刚才还是晴天，突然下起雨来了。
　　　　Gāngcái háishi qíngtiān, tūrán xiàqǐ yǔ lai le.

語　注

吉林姑娘	「吉林省出身の若い女性」
小代	（人名）「代（だい）さん」
保洁工	「清掃員」
世界 500 强	「世界企業トップ 500 社」
白领、蓝领	「ホワイトカラー、ブルーカラー」
应届大学毕业生	「（その年に）卒業予定の大学生」「新卒」
面临~	「~に直面する」
可想而知	（四字成語）「容易に想像できる」「想像に難くない」
教育部	「教育部」。"部" は日本の「省」に相当。
批	まとまった人間や物資、資金などを数える量詞。
适应~	「~に適応する」
模式	「モデル」「パターン」

　2023年8月、中国国家統計局は「若年失業率など、年齢層で分けた失業率の公表を一時停止する」と発表しました。実は6月の16〜24歳の失業率は21.3％の高率で、4月から6月にかけて人民日報にも就職問題の記事が溢れており、大学卒業生1158万人の就職がピークとなる7月の数字が懸念されていたのです。中国の学者も、潜在的若年失業率が46.5％になるのでは、という試算を発表しており、その深刻さが窺われます。

　政府は4月に就職施策の推進を鼓舞する通知を発表し、3つの項目を提示しましたが、その第二で、大卒者の就職・起業の道を広げる政策を示しました。具体的には、雇用を増やした企業へ助成金を交付するとともに、課文にも示されているような様々な職業、社区（地域コミュニティ）や農村での就職も奨励しています。また、国有企業の雇用拡大も奨励しており、まさに80年代中期のワークシェアリングを想起させる状況です。

　5月に入ると、人民日報は〈あらゆる手を使って大卒者の就職を支援しよう〉という記事を、6月9日にも〈大卒者の就職・起業を一層しっかりと支援しよう〉という記事を掲載。教育部も、雇用ポストを開拓し就職圧力を緩和するよう、〈2023年大卒者就職促進ウイークキャンペーン〉（5月26日〜6月1日）を展開し、まさに総力戦の様相を呈しました。

　これに呼応し、各地域でも独自の取り組みが展開されました。江蘇省は十万人就職・研修ポスト募集計画を策定、これを支援するため、補助金支給や税の軽減も行いました。山東省は21カ条の具体的措置を発表、就職指導の質の向上にも努め、寧夏回族自治区では起業推進計画を推進する一方、公共機関の雇用枠を広げるなど10項目を示しました。しかし、いずれにせよ、緊急避難的な措置であり、経済の立て直しが必須になっています。

コトバあれこれ —— ネット用語で、品詞まで変わる！（形容詞編）

★ "佛"： 日本生まれの「仏系」「仏男子」という流行語が中国の流行語になり、「何でも良い」「なるようになる」などのような消極的態度もそのまま伝わりました。例："他很佛"「彼は何でもいい」、"年軽人不要这么佛"「若者はそんなに消極的になってはいけないよ」。

★ "丧"： もともと動詞ですが、「不幸」「ついていない」という形容詞としても使われるようになりました。例："心情很丧"「落ち込んでいる」。

★ "白富美" "高富帥" "高大上"：3個の形容詞が並ぶと、人物像になります。例："她是个白富美"「彼女は肌白でお金持ちで美人」、"他是个高富帥"「彼は背が高くお金持ちでイケメン」。新幹線のグリーン車に乗ったら、"高大上"「金持ち」の気分が味わえるかな？

世界首艘海上养殖船

Shìjiè shǒusōu hǎishàngyǎngzhíchuán

魚は船で養殖する時代に？

　乱獲や過度の生け簀養殖で沿海漁業が壊滅しかけた中国にようやく立ち直りの傾向が見え始めました。
　稚魚の放流や漁礁の設置、産卵に適した浅瀬の回復、陸上での生け簀養殖などに加え、最近では深海養殖が新たな発展を見せています。

2022 年 5 月 20 日 上午 9 时 许, 汽笛
Èrlíng'èr'èr nián wǔ yuè èrshí rì shàngwǔ jiǔ shí xǔ, qìdí

长鸣, "国信1号" 养殖工船 正式 交付 运营。
chángmíng, "Guóxìnyīhào" yǎngzhígōngchuán zhèngshì jiāofù yùnyíng.

当天 下午 4 时 前, 这 艘 大型养殖工船 正式
Dàngtiān xiàwǔ sì shí qián, zhè sōu dàxíngyǎngzhígōngchuán zhèngshì

起航, 一 个 耕海牧渔 的 新时代 由此 开启。
qǐháng, yí ge gēnghǎimùyú de xīnshídài yóucǐ kāiqǐ.

"国信1号" 是 全球 首艘 10万吨级
"Guóxìnyīhào" shì quánqiú shǒusōu shíwàndūnjí

大型养殖工船, 也 是 一 座 移动 的 "海洋牧场",
dàxíngyǎngzhígōngchuán, yě shì yí zuò yídòng de "hǎiyángmùchǎng";

从 鱼苗 入舱、投喂 到 起捕、加工、运输, 所有 的
cóng yúmiáo rùcāng、tóuwèi dào qǐbǔ、jiāgōng、yùnshū, suǒyǒu de

养殖活动 都 在 这 艘 船上 进行。 船身 总长
yǎngzhíhuódòng dōu zài zhè sōu chuánshang jìnxíng. Chuánshēn zǒngcháng

249.9 米, 共 有 15 个 养殖舱, 养殖 大黄鱼、
èrbǎisìshíjiǔdiǎnrjiǔ mǐ, gòng yǒu shíwǔ ge yǎngzhícāng, yǎngzhí dàhuángyú、

石斑鱼、 大西洋鲑、 黄条鰤 等 优良鱼种, 年产
shíbānyú、 dàxīyángguī、 huángtiáoshī děng yōuliángyúzhǒng, niánchǎn

高品质鱼类 3700 吨。
gāopǐnzhìyúlèi sānqiānqībǎi dūn.

渔业机械仪器研究所 所长 徐皓 介绍, "相比
Yúyèjīxièyíqìyánjiūsuǒ suǒzhǎng Xú-Hào jièshào, "Xiāngbǐ

传统开放式 的 网箱养殖, '国信1号' 的 平均养殖
chuántǒngkāifàngshì de wǎngxiāngyǎngzhí, 'Guóxìnyīhào' de píngjūnyǎngzhí-

密度 是 传统网箱 的 四 倍 以上。" 作为 一 个
mìdù shì chuántǒngwǎngxiāng de sì bèi yǐshàng." Zuòwéi yí ge

封闭养殖平台, "国信1号" 在 设计 上 兼具
fēngbìyǎngzhípíngtái, "Guóxìnyīhào" zài shèjì shang jiānjù

自航式移动 和 锚泊固定 两 种 模式。 "不同
zìhángshìyídòng hé máobógùdìng liǎng zhǒng móshì. "Bùtóng

解読の手がかり

~也是一座移动的"海洋牧场"：「～は移動する『海洋牧場』でもある」。[A
是一个B]は「Aとはこういうものだ」という説明口調を表し、"一个"を
「1つの」とは訳しません。なお、量詞は"个"に限らず、後の名詞によっ
て様々なものに置き換わります。ここでは"牧场"を数えるため"座"が
使われています。

例文1：南京是一座历史悠久的城市。
Nánjīng shì yí zuò lìshǐyōujiǔ de chéngshì.

例文2：这是一份关于宠物消费的报告。
Zhè shì yí fèn guānyú chǒngwùxiāofèi de bàogào.

相比传统开放式的网箱养殖：「従来の開放式の生け簀養殖と比べて」。比較の
表現です。"和～相比""与～相比"「～と比べて」の形をとることもあります。

例文1：北斗相比美国的GPS，有哪些不同?
Běidǒu xiāngbǐ Měiguó de GPS, yǒu nǎxiē bùtóng?

例文2：订单与上年同期相比增长5%。
Dìngdān yǔ shàngnián tóngqī xiāngbǐ zēngzhǎng bǎifēnzhīwǔ.

語　注

首艘	（タイトル注）「1隻目の」。"艘"は船を数える量詞。論説体。
9时许	「9時ごろ」。"许"は書き言葉で、おおよその数字を表します。
国信1号	（船名）「国信1号」。「国信」は青島国信グループの企業名から。
交付	「引き渡す」「引き渡される」
起航	「（船が）出航する」
耕海牧渔	「海で魚の養殖を行う」
由此开启	「ここからスタートした」
鱼苗	「稚魚」
投喂	「餌をやる」
大黄鱼、石斑鱼、大西洋鲑、黄条鰤	
	（魚名）「イシモチ、マハタ、サーモン、ヒラマサ」
渔业机械仪器研究所	「漁業精密機械研究所」
徐皓	（人名）「徐皓（じょ・こう）」
网箱养殖	「生け簀養殖」
兼具～	「～を兼ね備えている」
自航式移动和锚泊固定	「航行移動と停泊」

鱼类，有 适宜 的 温度范围。比如 大黄鱼，最 佳
yúlèi, yǒu shìyí de wēndùfànwéi. Bǐrú dàhuángyú, zuì jiā

生长温度范围 是 22 — 26 摄氏度，在 这 个
shēngzhǎngwēndùfànwéi shì èrshi'èr zhì èrshiliù shèshìdù, zài zhè ge

范围 里 长得 最 好、最 快。"徐皓 说，根据
fànwéi li zhǎngde zuì hǎo、zuì kuài." Xú-Hào shuō, gēnjù

鱼类养殖特性，"国信1号" 可 有效 利用 适宜海域，
yúlèiyǎngzhítèxìng, "Guóxìnyīhào" kě yǒuxiào lìyòng shìyíhǎiyù,

在 选定 的 锚地 之间，依据 水温 等 环境因素
zài xuǎndìng de máodì zhījiān, yījù shuǐwēn děng huánjìngyīnsù

自航转场， 进行 长期游弋式养殖。
zìhángzhuǎnchǎng, jìnxíng chángqīyóuyìshìyǎngzhí.

而且，10万 吨 的 载重量， 使 "国信1号" 具有
Érqiě, shíwàn dūn de zàizhòngliàng, shǐ "Guóxìnyīhào" jùyǒu

稳定性， 能 有效 躲避 台风、赤潮 等，降低
wěndìngxìng, néng yǒuxiào duǒbì táifēng、chìcháo děng, jiàngdī

自然灾害 对 养殖业 带来 的 影响。
zìránzāihài duì yǎngzhíyè dàilái de yǐngxiǎng.

深远海养殖， 将 养殖区域 从 近岸 推向
Shēnyuǎnhǎiyǎngzhí, jiāng yǎngzhíqūyù cóng jìn'àn tuīxiàng

深远海，从 传统经营模式 转向 大规模 现代化
shēnyuǎnhǎi, cóng chuántǒngjīngyíngmóshì zhuǎnxiàng dàguīmó xiàndàihuà-

工业生产。这 是 具有 里程碑 意义 的 重大事件，
gōngyèshēngchǎn. Zhè shì jùyǒu lǐchéngbēi yìyì de zhòngdàshìjiàn,

标志着 中国 在 这 个 领域 实现了 由 0 到 1 的
biāozhìzhe Zhōngguó zài zhè ge lǐngyù shíxiànle yóu líng dào yī de

进阶发展。
jìnjiēfāzhǎn.

解読の手がかり

具有稳定性：「安定性を備えている」。"有" の前に別の1音節動詞を置いて、
具体的にどういう形で「ある」のかを表します。

　例文1：这家跨国公司拥有多项专利。
　　　　　Zhè jiā kuàguógōngsī yōngyǒu duō xiàng zhuānlì.
　例文2：很多人持有驾照，但不一定有车。
　　　　　Hěnduō rén chíyǒu jiàzhào, dàn bù yídìng yǒu chē.

将养殖区域：「養殖エリアを」。介詞 "将" は会話体の "把" に相当します。
目的語を動詞の前に引き出し、その目的語に何らかの処置を施すことを表
すものです。これを使った文は「処置文」とも呼ばれます。

　例文1：学生将学习的重点放在考试上。
　　　　　Xuésheng jiāng xuéxí de zhòngdiǎn fàngzài kǎoshì shang.
　例文2：美国为什么总是把中国看作是竞争对手?
　　　　　Měiguó wèishénme zǒngshì bǎ Zhōngguó kànzuò shì jìngzhēngduìshǒu?

語　注

最佳生长温度	「最も理想的な成長温度」
根据～	「～に基づく」「～に従う」
锚地	「停泊地」
自航转场	「自力で航行して場所を変える」
游弋式	「遊弋（ゆうよく）する」
躲避	「避ける」
对～带来的影响	「～にもたらす影響」
里程碑	「一里塚」「マイルストーン」
标志着	「示している」⇒ p.63 解読の手がかり
由0到1	「0から1へ」。この "由" は起点を表し、会話体の "从" に相当。

　2023 年 4 月、習近平総書記は広東省を視察、「中国は 14 億余りの人口を擁する大国であり、食の問題をしっかり解決しなければならず、大地のみならず海洋にも食糧を求めるべきであり、海洋牧場、青い食糧庫を建設しなければならない」と檄を飛ばしました。第 13 次 5 カ年計画終了時（2020年）の中国漁業経済統計によると、総生産量 6549.02 万トンのうち養殖がなんと 79.8% を占めているのです。

　以前、中国では幼魚まで根こそぎ捕獲する漁業が蔓延、さらに、開発による自然な海岸線の激減で産卵地も奪われ、沿海漁業は資源が枯渇、代わりに行った過密な生け簀養殖による赤潮の大規模な発生にも見舞われました。こうした反省を踏まえ、近年、「海を耕す」自然に優しい海洋牧場への取り組みが各地で展開され、さらに深海養殖も始まるようになったのです。

　遼寧省大連では国レベルの海洋牧場模範区を 25 カ所建設、人工漁礁の投入、藻場の育成などを行い、各種の魚類を 180 億匹以上放流、優良品種の育種も行っています。海洋牧場はすでに全国で 300 カ所以上あり、人工漁礁の投入量は 5000 万㎡に及んでいますが、2022 年 12 月の〈水生生物資源保護育成強化に関する指導意見〉では、2025 年までに国家級海洋牧場模範区を 200 カ所程度建設するとしています。

　深海養殖試験区も生産段階に突入しています。黄海の海岸から 120 海里余り沖合にある青島国家深遠海緑色養殖試験区では、世界初の完全潜水式養殖設備「深藍 1 号」でアトランティックサーモンの養殖を試みていましたが、2022 年 6 月、その収穫が始まりました。福建省連江県の「定海湾 1号」プラットフォームも深海養殖を行っていますが、いずれも最先端スマート技術が取り入れられており、今後、全国に広がることでしょう。

コトバあれこれ
——大いにバズった歌《罗刹海市》、漢字分解で遊ぼう！

《罗刹海市》は 2023 年夏に大流行していた歌のタイトルですが、『聊斎志異』の中にある、白黒、美醜が顛倒した国の物語のタイトルでもあります。歌は白黒、美醜が顛倒するという伏線を踏まえつつ、漢字分解の要素も入れました。▼一番インパクトのあるのは、"那马户不知道他是一头驴（马＋户）、那又鸟不知道他是一只鸡（又＋鸟）"「あの馬戸は自分が驢馬とも知らず、あの又鳥は自分が鶏とも知らぬ」という箇所です。"马户"も"又鸟"も人名扱いなので、一時、ネット上、詮索が飛び交っていました。歌手のライバルたち？　いやいや、バイデンやプーチン、トランプだろう？▼いずれにしても、文字遊びが風刺や比喩表現になるので、想像を働かせる力を持っていますね。ぜひ一度お聞きあれ！

城市花絮

Chéngshì huāxù

病院「迷宮」攻略の心強い味方（左）
料理の注文はスマホで（下）

高齢化が急速に進む中国。一方で外出は自宅のキーとスマホで用が足りるという生活スタイルの劇的な変化が。

デジタルデバイドによるプレッシャーが高齢者を襲う中、それではならじと様々なアイデアが生まれていますが、その成果やいかに。

⟨1⟩ "陪诊师"
yī "Péizhěnshī"

医院 太 大 像 迷宫、科室 太 多 不 好找、
Yīyuàn tài dà xiàng mígōng, kēshì tài duō bù hǎozhǎo,

智能设备 太 复杂…… "独自看病 难", 成为 很多
zhìnéngshèbèi tài fùzá …… "dúzìkànbìng nán", chéngwéi hěnduō

老年人 的 难题, 于是 "陪诊师" 行业 在 各地
lǎoniánrén de nántí, yúshì "péizhěnshī" hángyè zài gèdì

应运而生。
yìngyùn'érshēng.

26 岁 的 李可, 已经 从事 "陪诊师" 工作
Èrshiliù suì de Lǐ-Kě, yǐjīng cóngshì "péizhěnshī" gōngzuò

两 年 多, 挂号、问诊、检查、取药、代交费、打印
liǎng nián duō, guàhào, wènzhěn, jiǎnchá, qǔyào, dàijiāofèi, dǎyìn

病历, 李可 的 工作 就是 陪同 患者 穿越
bìnglì, Lǐ-Kě de gōngzuò jiùshì péitóng huànzhě chuānyuè

"医疗迷宫"。"您 这 个 病 要 饮食清淡, 保证
"yīliáomígōng". "Nín zhè ge bìng yào yǐnshíqīngdàn, bǎozhèng

睡眠充足。药 是 一 天 两 次、每次 两 粒。您
shuìmiánchōngzú. Yào shì yì tiān liǎng cì, měicì liǎng lì. Nín

记好 了!" 虽然 每种 药 的 包装盒 上 都 有
jìhǎo le!" Suīrán měizhǒng yào de bāozhuānghé shang dōu yǒu

标记, 但 李可 还是 忍不住 向 患者 张阿姨 重复
biāojì, dàn Lǐ-Kě háishi rěnbuzhù xiàng huànzhě Zhāng āyí chóngfù

一 遍, 像 在 叮嘱 自己 的 家人 一样。其实,
yí biàn, xiàng zài dīngzhǔ zìjǐ de jiārén yíyàng. Qíshí,

他们 这 天 早上 才 刚刚 见面。"子女 在 外地,
tāmen zhè tiān zǎoshang cái gānggāng jiànmiàn. "Zǐnǚ zài wàidì,

小毛病 不 想 给 他们 添 麻烦, 可 对 医院 又
xiǎomáobìng bù xiǎng gěi tāmen tiān máfan, kě duì yīyuàn yòu

不 熟悉, 孩子 给 我 叫了 陪诊服务, 确实 很
bù shúxi, háizi gěi wǒ jiàole péizhěnfúwù, quèshí hěn

方便。"张阿姨 笑着 说。
fāngbiàn." Zhāng āyí xiàozhe shuō.

解読の手がかり

虽然~但… :「~だが…だ」。逆接を表します。"虽然" と "但" はどちらかが
省略されることもあります。

　例文1 : 虽然很多人反对，但是他还是一意孤行。
　　　　Suīrán hěnduō rén fǎnduì, dànshì tā háishi yíyìgūxíng.

　例文2 : 太极拳看起来很容易，但是做起来非常难。
　　　　Tàijíquán kànqǐlai hěn róngyì, dànshì zuòqǐlai fēicháng nán.

忍不住 :「こらえきれない」。可能補語の否定形です。動詞＋結果補語や動詞
＋方向補語の間に "得" を挟むと可能、"不" を挟むと不可能を表しますが、
否定形のほうが圧倒的に多く使われます。また、可能補語は後に目的語を
とることができます。

　例文1 : 金钱买不到真正的爱情。
　　　　Jīnqián mǎibudào zhēnzhèng de àiqíng.

　例文2 : 他算得上是玩电竞的高手。
　　　　Tā suàndeshàng shì wán diànjìng de gāoshǒu.

語　注

城市花絮　　（タイトル注）「都市のこぼれ話」
陪诊师　　　「診察付き添い人」
智能设备　　「スマート設備」
独自看病难　「1 人では病院に行きづらい」
应运而生　　（四字成語）「機運に応じて現れる」
李可　　　　（人名）「李可（り・か）」
挂号、问诊、检查、取药、代交费、打印病历
　　　　　　「（病院の）受付手続き、問診、検査、薬の受け取り、支払い代行、
　　　　　　カルテの印字」
陪同~　　　「~に付き添う」
穿越　　　　「通り抜ける」
记好　　　　「ちゃんと覚える」。動詞＋結果補語の形。
有标记　　　「書いてある」
张阿姨　　　（人名）「張（ちょう）おばさん」
重复一遍　　「もう一度繰り返す」
叮嘱~　　　「~に言い聞かせる」
对~不熟悉　「~に詳しくない」

〈2〉 **扫码 点餐**
èr　Sǎomǎ diǎncān

在 很多 城市，扫码 点餐 似乎 已 成了 不少
Zài hěnduō chéngshì, sǎomǎ diǎncān sìhū yǐ chéngle bùshǎo

餐厅 的 "**标配**"。扫码 点餐，为何 **受** 众多 商家
cāntīng de "biāopèi". Sǎomǎ diǎncān, wèihé shòu zhòngduō shāngjiā

青睐？对此， 广州 的 一 家 门店 经理 说， 首先
qīnglài? Duìcǐ, Guǎngzhōu de yì jiā méndiàn jīnglǐ shuō, shǒuxiān

可以 节省 人力成本，其次 在 线上 看， 能 知道
kěyǐ jiéshěng rénlìchéngběn, qícì zài xiànshang kàn, néng zhīdao

哪 个 **菜** 还 能 **点**， 哪 个 菜 已经 没 了。对
nǎ ge cài hái néng diǎn, nǎ ge cài yǐjīng méi le. Duì

消费者 而言，四五 个 人 一起 去 餐厅， 纸质菜单
xiāofèizhě éryán, sìwǔ ge rén yìqǐ qù cāntīng, zhǐzhìcàidān

一般 只 有 一两 份， 而 扫码 点餐 **的话**， 几 个 人
yìbān zhǐ yǒu yìliǎng fèn, ér sǎomǎ diǎncān dehuà, jǐ ge rén

可以 同时 看着 画面 点餐。
kěyǐ tóngshí kànzhe huàmiàn diǎncān.

但是， 扫码 点餐 在 餐饮业 也 一直 **备受**
Dànshì, sǎomǎ diǎncān zài cānyǐnyè yě yìzhí bèishòu

争议。 上海 的 一 家 餐厅， 因为 只 能 扫码
zhēngyì. Shànghǎi de yì jiā cāntīng, yīnwèi zhǐ néng sǎomǎ

点餐，**导致** 一 位 80 岁 的 老人 **无法 下单** 吃饭，
diǎncān, dǎozhì yí wèi bāshí suì de lǎorén wúfǎ xiàdān chīfàn,

只 能 **空着 肚子** 离开。此事 被 公开 后， 引起
zhǐ néng kōngzhe dùzi líkāi. Cǐshì bèi gōngkāi hòu, yǐnqǐ

一 片 批判声。最近， 很多 餐饮店 既 可以 用
yí piàn pīpànshēng. Zuìjìn, hěnduō cānyǐndiàn jì kěyǐ yòng

手机 扫码 点餐， 也 可以 用 纸质菜单 点餐。
shǒujī sǎomǎ diǎncān, yě kěyǐ yòng zhǐzhìcàidān diǎncān.

专家 指出：" 消费者 要 **勇于** 拒绝， 因为 只有
Zhuānjiā zhǐchū: "Xiāofèizhě yào yǒngyú jùjué, yīnwèi zhǐyǒu

拒绝 了， 商家 才 会 提供 第二 个 选择。"
jùjué le, shāngjiā cái huì tígōng dì'èr ge xuǎnzé."

46

解読の手がかり

既可以~也可以…：「~もできるし…もできる」。"也"の代わりに"又""还"も使われます。"既"を「すでに」と訳さないように気をつけましょう。

例文1：轮滑既拼速度也比技巧。

　　　Lúnhuá jì pīn sùdù yě bǐ jìqiǎo.

例文2：对人工智能发展既要乐观，也要保持警惕。

　　　Duì réngōngzhìnéng fāzhǎn jì yào lèguān, yě yào bǎochí jǐngtì.

只有~才…：「~してこそ…する」。不可欠の絶対条件を表します。訳すときは「~しなければ…しない」とするか、前後をひっくり返して「…するには~することだ」とするほうが自然なこともあります。

例文1：只有高标准，才有高质量。

　　　Zhǐyǒu gāo biāozhǔn, cái yǒu gāo zhìliàng.

例文2：古代中国人并非只有清明才扫墓。

　　　Gǔdài Zhōngguórén bìngfēi zhǐyǒu Qīngmíng cái sǎomù.

語　注

扫码	「(バーコードや二次元コードを) スキャンする」
点餐	「料理を注文する」
标配	「標準装備」
受~青睐	「~に好まれる」「~に受けがいい」
点菜	「料理を注文する」。課文では主題の提示で順序が入れ替わっています。
~的话	「~すれば」「~であれば」。仮定を表します。
备受争议	「広く議論されている」
导致~	「~ (という結果を) 引き起こす」
无法~	「~できない」
下单	「(食事を) 注文する」
空着肚子	「空腹のまま」
勇于~	「思いきって~する」

　2021 年 5 月に発表された第 7 回人口センサスによると、中国の 60 歳以上の人口は 2.64 億人、平均寿命予測も 77.9 歳（2020 年データ）に達しています。2021 年 11 月、国務院は〈新時代の高齢者向け事業を強化することに関する中共中央国務院の意見〉を発出、地方政府は専門機関を設立して地域社会や家庭にサービスを行き届かせる責任を持ち、街道や地域コミュニティ（社区）は食事や清掃を担う企業の導入と監督に責任を持つという、地域社会に依拠し、在宅を基本とする多様な養老サービスを充実させる方針を打ち出しました。2022 年第 1 四半期の統計では、養老施設が 36 万カ所、ベッド数は 812.6 万床（2012 年のほぼ倍）になりましたが、到底十分とはいえず、在宅養老の充実が焦眉の急になったのです。

　2022 年 2 月、〈"十四五" 国家老齢事業の発展及び養老支援体制プラン〉が発表され、国家衛生健康委員会等も〈"十四五" 健康老齢化プラン〉を発出しましたが、この中には、食事や運動、薬の服用方法、リハビリ、応急措置など、地域コミュニティや家庭内での対応を喚起する重要性も盛り込まれています。これに呼応し、天津市では、居住環境の改善（マンションの廊下や階段には手すりを、階段の踊り場には椅子を、トイレの便器の横と上にはつかまり立ち用のバーを設置するといった配慮）を行い、老人食堂や食事の宅配サービス、老人防護スマートシステムの充実、独居老人用緊急通知ボタンの取り付けといった対策が取られています。

　注目されるのは老人にも引き続き社会的役割を担ってもらおう、という動きで、ボランティア活動や地域コミュニティの様々な活動への参加はもちろん、老人職能データを構築し、労働意欲の高い老人にその技術や能力を生かす就労の斡旋も始まっています。

👩 コトバあれこれ ── ネーミングすれば、職業に！

★試睡师 shìshuìshī　　　　　　　　ホテルや民宿の寝具を試す人。

★物品收纳师 wùpǐnshōunàshī　　　収納アドバイザー。部屋やクローゼットの整理を手伝う人。

★调饮师 tiáoyǐnshī　　　　　　　　さまざまな飲み物を栄養健康の角度から配合する人。

★电子竞技员 diànzǐjìngjìyuán　　　e スポーツの選手、インストラクターなど。

★带货主播 dàihuòzhǔbō　　　　　　ライブ配信型ネット販売をする人。

★家庭教育指导师 jiātíngjiàoyùzhǐdǎoshī　　家庭教育アドバイザー。

★研学旅行指导师 yánxuélǚxíngzhǐdǎoshī　　（個人の）修学旅行案内人。

★防疫员 fángyìyuán　　　　　　　　感染症予防員。

★消毒员 xiāodúyuán　　　　　　　　消毒する人。

"托育难"成为阻碍生育的拦路虎

"Tuōyù'nán" chéngwéi zǔ'ài shēngyù de lánlùhǔ

中国でも「保育園落ちた」問題は深刻

　　一人っ子政策が廃止され、３人でも生めるようになった中国。人口減に歯止めをかけようと必死ですが、新たな問題も。
　　「２人目を生んだら１人目の面倒は誰が見るの？」祖父母に頼れなくなった中国、共働きが多数を占める中国。託児所や幼稚園の充実が喫緊の課題に。

"儿子　两　岁　开始　上　托育班，4000　元　的
"Érzi liǎng suì kāishǐ shàng tuōyùbān, sìqiān yuán de

托育费　相当于　我　一　个　月　的　收入，但　为了　能
tuōyùfèi xiāngdāngyú wǒ yí ge yuè de shōurù, dàn wèile néng

重回　职场，也　只　能'肉疼'了。"青岛市　的
chónghuí zhíchǎng, yě zhǐ néng 'ròuténg' le." Qīngdǎoshì de

女职工　王莹　说。随着　国家　放开　二孩、
nǚzhígōng Wáng-Yíng shuō. Suízhe guójiā fàngkāi èrhái,

三孩生育政策，"生了　孩子　谁　来　带"成为　很多
sānháishēngyùzhèngcè, "shēngle háizi shéi lái dài" chéngwéi hěnduō

适育家庭　的　现实难题，尤其　在　双职工家庭，
shìyùjiātíng de xiànshínántí, yóuqí zài shuāngzhígōngjiātíng,

"带娃难"问题　尤为　突出。
"dàiwá'nán" wèntí yóuwéi tūchū.

80　年代　以前，各地　都　有　婴幼儿托育机构。
Bāshí niándài yǐqián, gèdì dōu yǒu yīngyòu'értuōyùjīgòu.

但是，1980　年　以后，"独生子女"政策　导致
Dànshì, yījiǔbālíng nián yǐhòu, "dúshēngzǐnǚ" zhèngcè dǎozhì

幼儿人口　减少。而　一　个　孩子　的　话，家里　有　四
yòu'érrénkǒu jiǎnshǎo. Ér yí ge háizi de huà, jiāli yǒu sì

个　老人　可以　帮忙　照看，又　导致　托儿所　纷纷
ge lǎorén kěyǐ bāngmáng zhàokàn, yòu dǎozhì tuō'érsuǒ fēnfēn

关门。
guānmén.

托育服务　的　另　一　个　问题　是　缺乏　师资力量。
Tuōyùfúwù de lìng yí ge wèntí shì quēfá shīzīlìliang.

在　大学　受过　幼儿教育　的　人才，本来　就　为数　不
Zài dàxué shòuguo yòu'érjiào de réncái, běnlái jiù wéishù bù

多，刚　毕业，就　被　进行　婴幼儿早期教育　的
duō, gāng bìyè, jiù bèi jìnxíng yīngyòu'érzǎoqījiàoyù de

"贵族幼儿园""抢走"。而　普通托育机构　几乎　都　是
"guìzúyòu'éryuán" "qiǎngzǒu". Ér pǔtōngtuōyùjīgòu jīhū dōu shì

解読の手がかり

相当于～：「～に相当する」。"于" は論説体で常用され、動詞の示す動作に関する様々な要素を導きます。ここでは後に対象が置かれる用法ですが、ほかに時間や場所が置かれる用法もあります。

例文 1：机器人已经用于各种领域。
　　　 Jīqìrén yǐjīng yòngyú gèzhǒng lǐngyù.

例文 2：老字号餐饮品牌"狗不理"创始于 1858 年。
　　　 Lǎozìhao cānyǐnpǐnpái "Gǒubùlǐ" chuàngshǐyú yībāwǔbā nián.

生了孩子谁来带：「子供が生まれたら誰が面倒を見るのか」。この "来" は他の動詞の前に置いて、積極的にその動作を行うということを表します。

例文 1：大家都来唱歌。
　　　 Dàjiā dōu lái chàng gē.

例文 2：这么简单的事，我来做吧。
　　　 Zhème jiǎndān de shì, wǒ lái zuò ba.

語　注

托育难	（タイトル注）「保育園に入れない」「入園難」
阻碍	（タイトル注）「妨げる」「邪魔をする」
拦路虎	（タイトル注）「障害物」
重回职场	「職場に戻る」
肉疼	「痛い出費」
女职工	「女性従業員」
王莹	（人名）「王莹（おう・えい）」
适育家庭	「出産育児適齢期の家庭」
带娃难	「子育てが困難」
尤为	「とりわけ」「とくに」。会話体の "特别是" に相当。
独生子女政策	「一人っ子政策」。1979 年から 2014 年まで実施。
帮忙照看	「手伝って世話をする」
师资力量	「教員資格者数」
为数不多	「その数は多くない」
刚～，就…	「～したばかりで、すぐ…する」
被～抢走	「～に奪い取られる」

没有"保育师"证书的护理人员。老师不专业、流动大，孩子托育周期短，也给妈妈们添了不少烦心的问题。

数据显示，截至2021年，全国幼儿园数量达到29.5万所，而托育机构为7.6万个。有超过三成的婴幼儿家庭有托育的需求，但三岁以下婴幼儿入托率仅为5.5%左右。2021年7月，政府发布文件，决定大力发展普惠托育服务。2022年以后，各地开始建立普惠托育机构，目标是"低价托儿，15分钟圈内接送"。但是，马上就能利用这个服务的家庭还是少数。

2022年，中国的出生人口首次跌破1000万。2023年，印度人口超过中国，成为世界第一。如何让中国的适育家庭安心生育孩子，这是中国社会正在面临的一大难题。

解読の手がかり

托育机构为7.6万个：「託児機関は7.6万カ所である」。"为"は会話体の"是"に相当します。統計の数字などにはよく"为"が使われますが、省略も可能です。

例文1：利根川全长为322公里。
Lìgēnchuān quáncháng wéi sānbǎi'èrshi'èr gōnglǐ.

例文2：全世界电脑黑客均为15岁至30岁的年轻人。
Quánshìjiè diànnǎohēikè jūn wéi shíwǔ suì zhì sānshí suì de niánqīngrén.

正在面临：「今まさに直面している」。"在"は動作が進行中であることを示す副詞、"正"は「まさに」「ちょうど」という副詞です。

例文1：创新正在成为巨大的变革之力。
Chuàngxīn zhèngzài chéngwéi jùdà de biàngé zhīlì.

例文2：这家银行正在配合监管部门的反洗钱调查。
Zhè jiā yínháng zhèngzài pèihé jiānguǎnbùmén de fǎnxǐqiándiàochá.

語　注

护理人员	「介護スタッフ」「保育スタッフ」
专业	「プロである」
给~添了不少烦心的问题	「~に多くの心配をかける」
数据显示	「データによると」
超过三成	「3割を超える」。"成"は「割」。
发布文件	「文書を発表する」。"文件"は政府が発表したものなら、法的な効果があります。
普惠托育服务	「一般向け子育て支援サービス」
低价托儿，15分钟圈内接送	「低価格保育、15分以内送迎」
跌破~	「~を下回る」

2015 年の 18 期五中全会で二人っ子政策への転換が図られ、毎年 300 万の児童が増加すると予想されることを受けて、政府は 2020 年までに 2 つの 50%（公立幼稚園が 50% 以上、公立幼稚園入園児童が 50% 以上）を実現するよう、新たな〈幼稚園工作規定〉を実施、公立・私立幼稚園の二本路線の併用を提起しました。これに合わせ、必要な幼児教育専門の教師の養成が急務になり、また、幼稚園の就学前事前学習化の防止と本来行われるべき内容の充実も提起されました。

託児所の不足も問題視されました。都会に出て核家族化した若い夫婦は、2 人目を生んでも産児休暇は 6 カ月。では、幼稚園入園前の 1-3 歳児を誰に託したらいいのでしょうか。以前は乳幼児の多くが祖父母に託されていましたが、核家族化すればそれも期待できません。2018 年になっても託児所への託児率はわずか 4% で、先進国の 50% に比べるとほぼ無きに等しく、同年、政府は〈就学前教育の改革を深め、発展を規範化させることに関する中共中央国務院の若干の意見〉を発し、2020 年に 3 年保育の入園率を 85% に、一般幼稚園のカバー率を 80% にし、就学前教育専門課程修了生を 20 万人以上に引き上げ、また、教員の待遇向上を図る方針を打ち出し、2035 年には、3 年保育の公共支援体制を全国に普及させる、としました。

こうした努力の結果、2020 年末の幼稚園の数は 29.17 万カ所と、2015 年比で 30% 増加、一般向け幼稚園のカバー率も 84.74% に達しました。2025 年までにはさらに 2 万カ所の幼稚園を増設、入園率は 90% 以上を目指しています。託児所の整備についても、2022 年夏に〈積極的出産を支持する措置を一層整備し実施することに関する指導的意見〉が出され、その充実へ実質的スタートが切られました。

コトバあれこれ —— 外国人が使う中国語

国際結婚した家庭の親子のやり取りが中国の SNS に投稿されました。再生回数は 10 万超。▼息子："爸，给我 5 块钱。" 父親（英国人）："叫妈给你。" 息子："妈。" 父親："叫妈妈给你！" 息子："妈妈！" 自分の「ミス」に気づいた英国人の父親がお金を息子に渡しました。皆さん、お分かりですか？ "叫" は教科書に使役態と名乗るときの動詞として取り上げられますが、礼儀作法の「挨拶する」という意味もあります。その父親は使役態の用法で「ママからもらいな」と。しかし、子供は礼儀として「ママ」と呼びました。つまり「ママと呼んだら上げる」というオチです。▼中国に人を呼ぶという礼儀作法があります。"这个孩子（不）会叫人。（この子は大人に挨拶ができる（できない）"のように、客が来ると、親は "快叫人！" と子供を促します。この礼儀作法を逆手に取った動画は面白かったわけです。

百岁基辛格再访华

Bǎi suì Jīxīn'gé zài fǎngHuá

100回近く中国を訪れたキッシンジャー

約半世紀前、米中国交回復の道筋をつけたニクソン訪中。そのお膳立てをしたキッシンジャーが中国を訪問しました。

半導体や台湾をめぐる制裁とコロナの影響などで経済が不振に陥った中国が、米中関係改善の糸口をどう見出すか、模索が続きます。

"中国人 重情讲义，我们 不 会 忘记 老朋友。"
"Zhōngguórén zhòngqíngjiǎngyì, wǒmen bú huì wàngjì lǎopéngyou."

2023 年 7 月 20 日，国家主席 习近平 在
Èrlíng'èrsān nián qī yuè èrshí rì, guójiāzhǔxí Xí-Jìnpíng zài

钓鱼台国宾馆 会见了 美国 前国务卿 基辛格。而 在
Diàoyútáiguóbīnguǎn huìjiànle Měiguó qiánguówùqīng Jīxīn'gé. Ér zài

此前， 中共中央政治局 委员 王毅，国防部长
cǐqián, Zhōnggòngzhōngyāngzhèngzhìjú wěiyuán Wáng-Yì, guófángbùzhǎng

李尚福，也 与 其 会晤。百 岁 老人 基辛格 突访
Lǐ-Shàngfú, yě yǔ qí huìwù. Bǎi suì lǎorén Jīxīn'gé tūfǎng

中国， 引发 世界 广泛 关注。
Zhōngguó, yǐnfā shìjiè guǎngfàn guānzhù.

1971 年 7 月 9 日，基辛格 秘密 访华，与
Yījiǔqīyī nián qī yuè jiǔ rì, Jīxīn'gé mìmì fǎngHuá, yǔ

中方 携手，促成了 时任 美国总统 尼克松 访华，
Zhōngfāng xiéshǒu, cùchéngle shírèn Měiguózǒngtǒng Níkèsōng fǎngHuá,

双方 打破 坚冰，实现"跨越 太平洋 的 握手"，
shuāngfāng dǎpò jiānbīng, shíxiàn "kuàyuè Tàipíngyáng de wòshǒu",

中美关系 逐步 正常化。 作为 中美关系
Zhōng-Měiguānxi zhúbù zhèngchánghuà. Zuòwéi Zhōng-Měiguānxi

正常化 的 "贡献者"、 "见证人"，基辛格 成为
zhèngchánghuà de "gòngxiànzhě"、 "jiànzhèngrén", Jīxīn'gé chéngwéi

美国 头号 中国问题专家，尼克松 之后 的 几乎 每
Měiguó tóuhào Zhōngguówèntízhuānjiā, Níkèsōng zhīhòu de jīhū měi

一 任 美国总统 都要 向 他 寻求 建议。
yí rèn Měiguózǒngtǒng dōu yào xiàng tā xúnqiú jiànyì.

从 1971 年 至今，基辛格 近 百 次 访华。他
Cóng yījiǔqīyī nián zhìjīn, Jīxīn'gé jìn bǎi cì fǎngHuá. Tā

曾 说，"中国 是 我 交往 最 久、最为 深入 的
céng shuō, "Zhōngguó shì wǒ jiāowǎng zuì jiǔ、zuìwéi shēnrù de

国家， 中国 已经 成为 我 生命 中 非常
guójiā, Zhōngguó yǐjīng chéngwéi wǒ shēngmìng zhōng fēicháng

解読の手がかり

与其会晤：「彼と会談を行った」。"其"は論説体の代詞です。指示代詞にも人称代詞にもなり、また主格・所有格・目的格、単数・複数のいずれにも使えます。ここではキッシンジャーのことを指しています。

例文1：李鸿章其人其事在中国家喻户晓。
　　　　Lǐ-Hóngzhāng qírénqíshì zài Zhōngguó jiāyùhùxiǎo.

例文2：对滞留在受灾地区的中国人，大使馆安排其回国。
　　　　Duì zhìliúzài shòuzāidìqū de Zhōngguórén, dàshǐguǎn ānpái qí huíguó.

每～都要…：「どの～もみな…する」。例外のないことを表します。また、"每"と呼応する"要"や"会"は習慣的な行為を表すものです。

例文1：每年夏天都是滨海旅游的旺季。
　　　　Měinián xiàtiān dōu shì bīnhǎilǚyóu de wàngjì.

例文2：日本人每到春天都要去赏樱花。
　　　　Rìběnrén měi dào chūntiān dōu yào qù shǎng yīnghuā.

語　注

基辛格	（タイトル注）（人名）「キッシンジャー」。1923年～。ドイツ出身の米国際政治学者。ニクソン政権・フォード政権で国家安全保障顧問や国務長官を務め、1973年にノーベル平和賞受賞。
访华	（タイトル注）「訪中」
重情讲义	「情義を重んじる」
钓鱼台国宾馆	「釣魚台（ちょうぎょだい）国賓館」
国务卿	「国務長官」
王毅	（人名）「王毅（おう・き）」。1953年～。外相。中国外交のトップ。
李尚福	（人名）「李尚福（り・しょうふく）」。1958年～。国防相（当時）。階級は陸軍上将。2023年9月に更迭されました。
会晤	「会談する」。"会谈"とほぼ同義ですが、ややフォーマル。
引发～广泛关注	「広く～に注目されている」
与～携手	「～と手を携える」
促成～	「～を促す」
尼克松	（人名）「ニクソン」。1913年～1994年。米第37代大統領。
见证人	「証人」
头号	「トップの」
向～寻求建议	「～に意見を求める」
至今	「これまでに」

重要 的 一部分。" 而 在 中国， 他 也 是 民众
zhòngyào de yíbùfen." Ér zài Zhōngguó, tā yě shì mínzhòng

最 熟悉 的 美国 政治家 和 学者。
zuì shúxi de Měiguó zhèngzhìjiā hé xuézhě.

"很 感谢 中方 将 这 次 会见 安排在
"Hěn gǎnxiè Zhōngfāng jiāng zhè cì huìjiàn ānpáizài

钓鱼台国宾馆 五 号 楼，这 也 是 我 首次 见到
Diàoyútáiguóbīnguǎn wǔ hào lóu, zhè yě shì wǒ shǒucì jiàndào

中国领导人 的 地方。" 基辛格 感慨地 说。基辛格
Zhōngguólǐngdǎorén de dìfang." Jīxīn'gé gǎnkǎide shuō. Jīxīn'gé

在 此次 访华 中 表示，"美中两国 都 有 能力
zài cǐcì fǎngHuá zhōng biǎoshì, "Měi-Zhōngliǎngguó dōu yǒu nénglì

影响 世界， 美中 保持 稳定关系，事关 世界 的
yǐngxiǎng shìjiè, Měi-Zhōng bǎochí wěndìngguānxi, shìguān shìjiè de

和平、 稳定 和 人类福祉。无论 如何困难， 双方
hépíng、 wěndìng hé rénlèifúzhǐ. Wúlùn rúhékùnnan, shuāngfāng

都 应 平等 相待， 保持 接触， 试图 孤立 或 隔绝
dōu yīng píngděng xiāngdài, bǎochí jiēchù, shìtú gūlì huò géjué

另 一 方 都 是 不可 接受 的。"
lìng yì fāng dōu shì bùkě jiēshòu de."

正如 王毅 所 说，美国 对华政策 需要
Zhèngrú Wáng-Yì suǒ shuō, Měiguó duìHuázhèngcè xūyào

基辛格式 的 外交智慧，需要 尼克松式 的 政治勇气。
Jīxīn'géshì de wàijiāozhìhuì, xūyào Níkèsōngshì de zhèngzhìyǒngqì.

就 像 50多 年 前 秘密 访华 一样， 在
Jiù xiàng wǔshiduō nián qián mìmì fǎngHuá yíyàng, zài

中美关系 陷入 低谷 之时， 百 岁 基辛格 又 一 次
Zhōng-Měiguānxi xiànrù dīgǔ zhīshí, bǎi suì Jīxīn'gé yòu yí cì

访问了 中国。 中美关系 的 命运齿轮 能否 向
fǎngwènle Zhōngguó. Zhōng-Měiguānxi de mìngyùnchǐlún néngfǒu xiàng

好 转动？ 让 我们 拭目以待。
hǎo zhuǎndòng? Ràng wǒmen shìmùyǐdài.

解読の手がかり

感慨地说：「感慨深げに言った」。"地" は連用修飾語（中国語文法では「状況語」）と動詞や形容詞を結びつける助詞です。

> 例文1：工地太吵，不能很好地休息。
> Gōngdì tài chǎo, bù néng hěnhǎode xiūxi.
> 例文2：研究表明，紫外线会间接地影响视力。
> Yánjiū biǎomíng, zǐwàixiàn huì jiànjiēde yǐngxiǎng shìlì.

正如王毅所说：「まさに王毅が言ったように」。"如〜所 V" は「〜の V する如く」「〜が V するように」となります。

> 例文1：如众所周知，书法是最难的艺术之一。
> Rú zhòngsuǒzhōuzhī, shūfǎ shì zuì nán de yìshù zhīyī.
> 例文2：如您亲眼所见，这里的风景非常美好。
> Rú nín qīnyǎn suǒ jiàn, zhèlǐ de fēngjǐng fēicháng měihǎo.

語　注

稳定关系	「安定した関係」
无论如何〜，都…	「いかに〜であろうと、いずれも…」
	⇒ p.83 解読の手がかり
应〜	「〜すべきだ」。"应该" の略。
试图〜	「〜を試みる」「〜を企む」
不可接受	「受け入れられない」
陷入低谷	「低迷期に陥る」
齿轮	「歯車」
能否〜	「〜できるか否か」。会話体の "能不能" に相当。
向好转动	「よい方向へ変わる」「好転する」
拭目以待	（四字成語）「目を凝らして見守る」

　2017年のトランプ大統領就任以来、米中は対立が激化、表向き貿易戦争に近い様相を呈してきました。米中関係は、対日戦争時の中華民国政府との協力関係こそありましたが、共産党による中華人民共和国建設後は、「米帝国主義」が最大の敵と見なされ、中ソ蜜月時代には敵対関係にありました。その後、1950年代後半の中ソ論争を経て、1969年には、中ソ国境の珍宝島で正規軍同士の衝突が起こり、一転して、ソビエトの「社会帝国主義」が最大の敵と見なされ、これに対抗するために中国は外交方針が180度転換、1972年のニクソン訪中とその後の田中訪中につながりました。ニクソン訪中は前年に名古屋で開催された世界卓球選手権大会での両国選手団の接触を経て達成されたため、「ピンポン外交」と呼ばれましたが、このお膳立てをしたのが当時のキッシンジャー大統領補佐官で、その後、同氏は米中平和外交のシンボリックな存在になりました。

　2021年にバイデン政権が発足すると、中国は「トランプ時代、非常に不幸な時期を経験したが、両国人民はより素晴らしい未来に期待を寄せることができる」と両国の関係改善に大きな期待をかけましたが、アメリカ側は、「クアッド（Quad）」（日米豪印戦略対話）の推進強化や米日韓の連携強化を図りつつ、新疆人権問題、台湾統一問題といった政治的課題や、半導体など先端技術問題などで、中国に対し厳しい姿勢で臨んでいます。これに対し、中国もグローバルサウスとの連携、BRICSや上海協力機構の結束強化などで対抗しています。

　とはいえ、貿易の悪化、コロナの後遺症、不動産バブルの崩壊、若者の就職難に直面する中国は、アメリカとの関係改善を切望しており、キッシンジャーの訪中はその秋波とも見て取れます。

コトバあれこれ —— 外国語かぶれ？　言葉の慣れ？　無意識？

中国語と英語を混ぜて話すと、こんな感じ。"Hi, 大家good！ Today 天气特别 nice, 特别适合出去 feel 一下温暖的阳 light。""Yesterday, 我去参加了一个 meeting, discussion 特别 nice, 那些 cases, 我们都 agree 了。"コカ・コーラ社に勤めていた妹が言うには、それがふつうと。しかし、ネットではそういう「外国語かぶれ」に批判的な意見が多いです。一方、"T恤衫""可口可乐""啤酒""CEO"などはすでに辞書でも「殿堂入り」し、「市民権」を得ていて、大丈夫です。この差は、おそらく中国語になっているか否かでしょう。▼一方、「現地語中毒」という現象もありますよ。中国での生活に慣れたあるアメリカ人が言うには、帰国後、母親から："Do you want some cake, or some pie?"と聞かれ、彼は"Emmm......cake 吧！"と答えたそうです（実は、私も中国語を話しながら無意識に日本語を使ってしまいます）。

保护传统村落，挖掘文化价值

Bǎohù chuántǒngcūnluò, wājué wénhuàjiàzhí

各地で伝統的村落の再評価と保護が進んでいる

　都市化の推進による内需の拡大が図られたのは2010年代前半。全国で推進された都市開発は、一方で豊かな伝統に育まれた農村文化を破壊・消失させました。
　そこで近年、政府が力を入れているのが伝統的村落の保存・継承・発展で、豊かな農村実現の起爆剤にも。

传统村落　是　　中华农耕文明　　的　重要载体，
Chuántǒngcūnluò shì Zhōnghuánónggēngwénmíng de zhòngyàozàitǐ,

有着　民族　的　历史记忆，也　寄托着　人们　的　乡愁。
yǒuzhe mínzú de lìshǐjìyì, yě jìtuōzhe rénmen de xiāngchóu.

但是，近年来，随着　经济社会　发展，农村　出现
Dànshì, jìnniánlái, suízhe jīngjìshèhuì fāzhǎn, nóngcūn chūxiàn

"空心化"现象。有些　地方，虽然　还　保留着　很多
"kōngxīnhuà" xiànxiàng. Yǒuxiē dìfāng, suīrán hái bǎoliúzhe hěnduō

完整　的　古建筑群，但　大部分　已　无人　居住。在
wánzhěng de gǔjiànzhùqún, dàn dàbùfen yǐ wú rén jūzhù. Zài

一些　传统村落　里，部分　老房子　缺乏　必要　的
yìxiē chuántǒngcūnluò li, bùfen lǎofángzi quēfá bìyào de

厨卫设施，生活污水　通过　明沟　直接　排到　村中
chúwèishèshī, shēnghuówūshuǐ tōngguò mínggōu zhíjiē páidào cūnzhōng

池塘，不仅　村民　不　方便，也　对　周边　自然环境
chítáng, bùjǐn cūnmín bù fāngbiàn, yě duì zhōubiān zìránhuánjìng

造成了　污染。此外，传统村落　的　消防问题　也　令人
zàochéngle wūrǎn. Cǐwài, chuántǒngcūnluò de xiāofángwèntí yě lìngrén

担忧。
dānyōu.

广西壮族自治区　的　三津村　是　一　个　有着　近
GuǎngxīZhuàngzúzìzhìqū de Sānjīncūn shì yí ge yǒuzhe jìn

700　年　历史　的　古村落，还　保留着　200多　栋
qībǎi nián lìshǐ de gǔcūnluò, hái bǎoliúzhe liǎngbǎiduō dòng

明清古建筑。但　老房子　里　居住　的　大多　是
Míng-Qīnggǔjiànzhù. Dàn lǎofángzi li jūzhù de dàduō shì

老年人，而且　被　列入　保护名录　的　只　有　十几　处，
lǎoniánrén, érqiě bèi lièrù bǎohùmínglù de zhǐ yǒu shíjǐ chù,

没有　被　列入　保护名录　的　古建筑　损毁现象　日益
méiyǒu bèi lièrù bǎohùmínglù de gǔjiànzhù sǔnhuǐxiànxiàng rìyì

严重。
yánzhòng.

解読の手がかり

有着~：「~がある」。"着"は動詞の後について状態の持続を表します。"有"はそれ自体に持続の意味があるので本来なら"着"はつきませんが、論説体では目的語が抽象的な事物である場合に限って"有着"の形をとることがあります。

例文1：培训班的每堂课都有着极强的针对性。

　　　　Péixùnbān de měitáng kè dōu yǒuzhe jí qiáng de zhēnduìxìng.

例文2：宋朝经济发达，其背后有着怎样的原因?

　　　　Sòngcháo jīngjì fādá, qí bèihòu yǒuzhe zěnyàng de yuányīn?

农村出现"空心化"现象：「農村に『空洞化』現象が起こった」。[場所＋出現を表す動詞＋出現する事物や人] という語順の出現文です。同じ語順で存在を表す存在文と合わせて、存現文とも言います。

例文1：乡村出现了翻天覆地的变化。

　　　　Xiāngcūn chūxiànle fāntiānfùdì de biànhuà.

例文2：各地掀起了"主题公园"热。

　　　　Gèdì xiānqǐle "zhǔtígōngyuán" rè.

語　注

挖掘	（タイトル注）「発掘する」「掘り起こす」
载体	「メディア」「コンテンツ」。本来は「情報を伝える手段」のこと。
寄托着~的乡愁	「故郷への~の思いが寄せられている」
保留着	「保存している」
无人居住	「住む人がいない」
	⇒ p.23 解読の手がかりにある"有专家指出"と同じ構造。
老房子	「古い住宅」
厨卫设施	「厨房とバス・トイレの設備」
明沟	「ふたのない排水溝」「開渠」
令人担忧	「懸念される」。"令人~"は本来「人を~させる」という使役態ですが、"人"が話者も含むので、多くの場合「~される」と訳すほうが自然。
广西壮族自治区	（地名）「広西（こうせい）チワン族自治区」。「自治区」は少数民族が多数居住している地域で、「省」「直轄市」と同等の行政区分。
三津村	（地名）「三津（さんしん）村」
被列入保护名录	「保護リストに登録されている」
日益严重	「日増しに深刻になる」。"日益"は会話体の"一天比一天"に相当。

也有 做得 比较 好 的 例子，比如 湖北 的 不少

传统村落 遵循 "修新如故" 的 改造理念，修建了

"历史画廊"、"文化风情街巷" 等 休闲旅游景区，使

传统村落 实现了 "旧貌 换 新颜"。

又 比如 江西 的 金溪县 通过 按 比例 负担

维修费用，提高了 村民 的 积极性，据 当地干部

介绍，村民 可以 将 老房子 托管给 政府，产权人

自筹 资金 20%，其余 的 费用 均 由 文物保护

基金会 等 负担。

2012 年，住建部、财政部 等 多 个 部门

启动 实施 传统村落保护工程，建立了 中国传统

村落名录制度。几乎 每 个 列入 保护名录 的 村落，

都 有着 数百 年 的 历史，是 不可再生 的

宝贵文化资源，是 "活文物"。如何 保护好、传承好

传统村落，将 更 多 鲜活 的 历史记忆 留在 村落

中，这 将 是 一 个 重要 的 课题。

解読の手がかり

据当地干部介绍:「現地の幹部の説明によれば」。"据介绍" や "据说"(「話に よれば」) のように、動作主体を省略することもできます。

例文1:据统计，7 月份，食品价格下降了 1.7%。
Jù tǒngjì, qī yuèfèn, shípǐnjiàgé xiàjiàngle bǎifēnzhīyīdiǎnrqī.

例文2:据说，这两天，不少消费者开启了"囤盐模式"。
Jùshuō, zhè liǎng tiān, bù shǎo xiāofèizhě kāiqǐle "túnyánmóshì".

这将是一个重要的课题:「これは重要な課題となるだろう」。この "将" はこ れから起こることを表します。会話体の "要" に相当します。

例文1:气候异常将是地球对人类的警示吧。
Qìhòuyìcháng jiāng shì dìqiú duì rénlèi de jǐngshì ba.

例文2:中日关系、中美关系，将何去何从?
Zhōng-Rìguānxi、Zhōng-Měiguānxi, jiāng héqùhécóng?

語　注

遵循~	「~に準じる」「~に従う」
修新如故	「昔の姿のままに改装する」
江西	(地名)「江西(こうせい)省」
金溪县	(地名)「金溪(きんけい)県」
通过~	「~を通して」「~通じて」
将~托管给…	「~を…の管理に託す」「~を…に管理してもらう」
产权人	「財産権を持つ人」「所有者」
住建部、财政部	「住宅建築部、財政部」
鲜活的历史记忆	「生き生きとした歴史的な記憶」

2023 年 3 月、新たに 1336 の村が、中国伝統村落にリストアップされ、合計 8155 の村落が国レベルの保護リストに登録されました。このプロジェクトは、政府の〈中国伝統村落認定保護事業実施に関する通知〉に則ったもので、2023 年 9 月末が期限とされています。その発端は、2012 年に政府が行った伝統村落の調査で、これまでに 53 万 9000 棟の歴史的建築物と伝統的な民家が保護され、併せて 4789 件の省レベル以上の非物質文化遺産の伝承発展が図られました。

多くの農民が都市に流入し、農村の常住人口が減少したこと、とりわけ農村の文化伝統を受け継ぐべき青壮年層が希薄になり、残されたのは"空巣老人"や"留守児童"ばかりになりました。これでは、生産技術のみならず、様々な伝統的農村民俗・農村文化の継承が途絶えるのも無理はありません。伝統的村落を守りつつ、農村の生活を豊かにする一方、経済的レベルを向上させる、この伝統と現代という 2 つのファクターを如何に融合させるかが政府に突き付けられているのです。一部ではすでに農村グルメやアグリツーリズム、地域の歴史や文化と結合させた"文旅"（歴史文化観光）を開発している農村も現れ始める一方、指定されたがゆえに修理もままならず、行政側は指定しただけで何の援助もしないため、農民が困窮したり、指定されたことで、文化的価値の高い彫刻などがかえって盗難に遭ってしまったりするといった例も報告されています。

雲南省紅河ハニ族イ族自治州のある村ではハニ族の伝統的な村落がほぼ完全な形で保存されていたため、2014 年に伝統村落のリストに加えられました。農民の家屋は外見を変えずに内部の居住環境を改善し、エコツアーを推進、伝統の保存と生活の向上を見事に両立させています。

コトバあれこれ ──"沉浸式 chénjìnshì"は大流行！

"沉浸式"は VR 用語です。VR ゴーグルを装着して仮想現実を体験するということを指します。いまは VR が、表面的ではなく限りなく実体験に近い体験が得られるという角度から見れば、中国語漢字の"沉浸式"はかなりそのニュアンスを出しています。▼"沉浸"という動詞は「没入」という意味で、"沉浸式"は「没入型」と訳されることが多いですが、実際、「没入型」がぴったりはまる応用シーンがあまりなく、「体験型」と訳したほうがいいと思います。たとえば、ニュースで、観光地が"打造专属沉浸式夜游项目"「体験型の夜観光のプロジェクトを立ち上げた」のように、"沉浸式"はすでに現実世界を意味する表現となっています。

教室卫生该由谁打扫?

Jiàoshìwèishēng gāi yóu shéi dǎsǎo?

请家长协助对教室进行大扫除

僕は掃除しなくていいのかな?

　　成績第一主義の教育による弊害はどこの国にもあるもの。しかし、中国のそれは程度を超えています。
　　近年、その見直しが叫ばれ、体育・美術教育の推進、課外活動の活性化、さらには道徳心の涵養を導入した新しいカリキュラムが構築されつつあります。

新学期 开学 了, 一 个 有关 "教室卫生" 的
Xīnxuéqī kāixué le, yí ge yǒuguān "jiàoshìwèishēng" de

话题 引发 热议。一 个 网友 在 社交平台 上
huàtí yǐnfā rèyì. Yí ge wǎngyǒu zài shèjiāopíngtái shang

发文, "小学 四 年级 的 孩子 要 开学 了, 学校
fāwén, "Xiǎoxué sì niánjí de háizi yào kāixué le, xuéxiào

通知, 需要 几 名 家长 协助 打扫 教室。" 对此,
tōngzhī, xūyào jǐ míng jiāzhǎng xiézhù dǎsǎo jiàoshì." Duìcǐ,

有人 在 网上 进行了 一 个 小调查, 近 3万 人
yǒu rén zài wǎngshang jìnxíngle yí ge xiǎodiàochá, jìn sānwàn rén

参与。 三 成 多 的 参与者 认为, 应该 由
cānyù. Sān chéng duō de cānyùzhě rènwéi, yīnggāi yóu

学校保洁人员 打扫, 但 也 有 很多 人 支持 由
xuéxiàobǎojiérényuán dǎsǎo, dàn yě yǒu hěnduō rén zhīchí yóu

家长 代劳, 甚至 有人 认为, 可以 请 钟点工
jiāzhǎng dàiláo, shènzhì yǒu rén rènwéi, kěyǐ qǐng zhōngdiǎngōng

打扫。
dǎsǎo.

对 很多 人 来说, 打扫卫生 是 学生时代 的
Duì hěnduō rén láishuō, dǎsǎowèishēng shì xuéshēngshídài de

鲜活 记忆。 日常小保洁, 定期大扫除, 既要 负责
xiānhuó jìyì. Rìchángxiǎobǎojié, dìngqīdàsǎochú, jìyào fùzé

班级 的 "一亩三分地", 还要 管好 公共包干区,
bānjí de "yìmǔsānfēndì", háiyào guǎnhǎo gōnggòngbāogānqū,

秋扫落叶 冬扫雪, 可以说 是 "日常操作"。 一 面
qiūsǎoluòyè dōngsǎoxuě, kěyǐshuō shì "rìchángcāozuò". Yí miàn

小小 的 卫生流动红旗 成了 许多 人 对 班级荣誉
xiǎoxiǎo de wèishēngliúdònghóngqí chéngle xǔduō rén duì bānjíróngyù

的 最初 感知。
de zuìchū gǎnzhī.

照理说, 打扫 教室 并 不 是 什么 重活,
Zhàolǐshuō, dǎsǎo jiàoshì bìng bú shì shénme zhònghuó,

小学低年级 的 学生 在 老师 的 带领 下, 也 能
xiǎoxuédīniánjí de xuésheng zài lǎoshī de dàilǐng xià, yě néng

解読の手がかり

由学校保洁人员打扫：「学校の清掃員が掃除する」。"由"は動作行為の実行者や責任者を表します。"由 A〜"で「A が〜する」「A によって〜される」という意味になります。

例文1：充电桩安装问题，该由谁解决？

　　　Chōngdiànzhuāng ānzhuāng wèntí, gāi yóu shéi jiějué?

例文2：历史不会只是由胜利者来写的。

　　　Lìshǐ bú huì zhǐ shì yóu shènglìzhě lái xiě de.

对很多人来说：「多くの人にとって」。"对〜来说"は、論説体では"对于〜而言"とも言います。

例文1：父母的言行对孩子来说非常重要。

　　　Fùmǔ de yánxíng duì háizi láishuō fēicháng zhòngyào.

例文2：对于很多人而言，2023 年的夏天酷热难耐。

　　　Duìyú hěnduō rén éryán, èrlíng’èrsān nián de xiàtiān kùrè nánnài.

語　注

卫生	（タイトル注）「清潔さ」
打扫	（タイトル注）「掃除する」「清掃する」
网友	「ネットユーザー」
社交平台	「ソーシャルメディア」
发文	「投稿する」
家长	「保護者」
甚至有人认为〜	「中には〜と考える人さえいた」⇒ p.89 解読の手がかり
钟点工	「アルバイト」
班级	「クラス」
一亩三分地	「受け持つ場所」。本来は皇帝が農作業をして見せる畑の面積（約 666㎡）。のち、比喩として「縄張り」や「生活圏」を指すようになりました。⇒ "亩" は p.77 語注。
管好	「きちんと管理する」
公共包干区	「共同清掃エリア」
照理说	「道理から言えば」
重活	「重労働」

顺利 打扫 完毕，为什么 现在 教室 却 要 保洁人员、
shùnlì dǎsǎo wánbì, wèishénme xiànzài jiàoshì què yào bǎojiérényuán、

家长 代劳 呢?
jiāzhǎng dàiláo ne?

　　有 专家 指出，这 主要 还是 部分 家长 和
　　Yǒu zhuānjiā zhǐchū, zhè zhǔyào háishi bùfen jiāzhǎng hé

教师 的 教育理念 出了 问题。一些 家长 觉得 孩子
jiàoshī de jiàoyùlǐniàn chūle wèntí. Yìxiē jiāzhǎng juéde háizi

在 学校 的 任务 就是 学习 再 学习，分数 排 第一，
zài xuéxiào de rènwu jiùshì xuéxí zài xuéxí, fēnshù pái dìyī,

认为 大扫除、上 劳动课 会 耽误 学习，影响
rènwéi dàsǎochú、 shàng láodòngkè huì dānwu xuéxí, yǐngxiǎng

学习成绩；一些 教师 认为，学生 打扫卫生 会 增加
xuéxíchéngjì; yìxiē jiàoshī rènwéi, xuésheng dǎsǎowèishēng huì zēngjiā

危险系数，担心 学生 在校安全，于是 不 愿、不 想、
wēixiǎnxìshù, dānxīn xuésheng zàixiào'ānquán, yúshì bú yuàn、 bù xiǎng、

甚至 不 敢 安排 学生 打扫 教室。
shènzhì bù gǎn ānpái xuésheng dǎsǎo jiàoshì.

　　古人 云：一 屋 不 扫，何以 扫 天下？打扫
　　Gǔrén yún: yì wū bù sǎo, héyǐ sǎo tiānxià? Dǎsǎo

教室卫生，是 一 门 最 实用 的 功课。学生 通过
jiàoshìwèishēng, shì yì mén zuì shíyòng de gōngkè. Xuésheng tōngguò

打扫卫生，能够 养成 认真负责、吃苦耐劳、
dǎsǎowèishēng, nénggòu yǎngchéng rènzhēnfùzé、 chīkǔ'nàiláo、

积极勤奋 的 态度 和 习惯。试想，一 个 娇生惯养、
jījíqínfèn de tàidu hé xíguàn. Shìxiǎng, yí ge jiāoshēngguànyǎng、

四体不勤、五谷不分 的 孩子，未来 是 很 难 担当
sìtǐbùqín、 wǔgǔbùfēn de háizi, wèilái shì hěn nán dāndāng

大任 的，也 是 无法 应对 各种 风险 和 挑战
dàrèn de, yě shì wúfǎ yìngduì gèzhǒng fēngxiǎn hé tiǎozhàn

的。
de.

解読の手がかり

为什么现在教室却要~：「それなのに、なぜ今教室では～が必要なのか」。"却"
は常識や予想に外れるというニュアンスを表します。

例文1：一个见义勇为的人却成了被告。
　　　　Yí ge jiànyìyǒngwéi de rén què chéngle bèigào.

例文2：这部电影的票房并不高，却很值得一看。
　　　　Zhè bù diànyǐng de piàofáng bìng bù gāo, què hěn zhíde yí kàn.

上劳动课会耽误学习：「労働の授業に出るのは学習の邪魔になる」。助動詞の
"会～"には、「(訓練の結果) ～できる」という可能の用法と、「～するは
ずだ」という可能性の用法があり、ここでは後者。実はこちらのほうが多
数派です。

例文1：我一紧张，就会全身出汗。
　　　　Wǒ yì jǐnzhāng, jiù huì quánshēn chū hàn.

例文2：到了秋天，树叶就会渐渐地红起来。
　　　　Dàole qiūtiān, shùyè jiù huì jiànjiànde hóngqǐlai.

語　注

分数排第一	「点数が第一」
劳动课	「労働の授業」。中国の小中学校には「労働」という授業科目があります。
耽误	「支障をきたす」「邪魔する」
古人云	「古人曰く」
一屋不扫，何以扫天下?	「一軒の家を掃かずにどうして天下を掃くことができるのか」
门	授業科目を数える量詞。
吃苦耐劳	「苦労をし辛労に耐える」
试想	「考えてほしい」
娇生惯养、四体不勤、五谷不分	(四字成語)「甘やかされて育ち、少しも働かず、五穀の見分けもつかない」

　学校教育はどうあるべきか、中国でもそのあり方が議論を呼んでいます。2020 年、中国の 9 年間義務教育入学率は 100％、定着率は 95.2％に達し、中途退学者は 60 万人から 6781 人に急減しました。新中国成立当初の識字率は 20％前後、小学校入学者も 20％未満でしたから、隔世の感があります。

　こういった中、現在、その教育内容で特に問題視されたのが「負担の軽減」。これまでも幾度か提起され、2013 年に教師による学外での補習が禁止されましたが、なかなか改善されませんでした。そこで 2018 年・2021 年にその取り締まりを一層強化する通知や意見が出され、"双減"（宿題と学外学習の軽減）が一躍、政府のスローガンになりました。

　教育内容の見直しも進められています。その 1 つが授業形式の改善で、IT を使った教育スタイルは全国小中高校の 100％に、マルチメディア教室も 95.3％に導入され、人工衛星を使った遠隔授業も 1.8 億人の生徒児童の自宅学習を助けています。注目すべきはカリキュラム内容も変化しつつあることで、第 13 次 5 カ年計画中（2016-2020）には、"体美労"（体育・美術・労働）教育が重視されるようになり、生徒たちが毎日 1 時間は 1 つのスポーツに打ち込めるよう配慮した学校は全体の 95％に上ったとのこと。学校ごとの特色あるスポーツの設定も推進され、すでにサッカーが 3 万校、バスケットが 1 万校、スキーやスケートは 2000 校を数えています。音楽・美術の授業もカリキュラム全体の 9％以上とするよう求められました。

　人間形成の側面も重視され、課文にあるようなモラルやマナーの教育が重視されるとともに、課外活動の充実が叫ばれ、92.7％の学校が文化芸術・スポーツ活動を、88.3％の学校が読書活動を、87.3％の学校がサークルやクラブ活動を展開しています。

コトバあれこれ
── 権威のある言語専門誌が選んだ 2022 年度の流行語から

★新賽道 xīnsàidào　"賽道"はカーレース用のサーキットのこと。"新賽道"は新しい技術や発展モデルで経済成長を促す産業と分野を指します。

★烟火气 yānhuǒqì　古くから、炊事するときの煙や湯気を指しますが、コロナの感染拡大による大規模な都市閉鎖を経て、街に活気が戻ったことを意味するようになりました。

★天花板 tiānhuābǎn　室内の天井のことですが、英語の影響で比喩として「最大限」「上限」という意味が生まれました。例えば、"顔値天花板"は「最高の美顔」とか。

★拿捏 nániē　辞書では、1. 物事の加減を把握する、2. 人の足元を見てつけ込むとなっていますが、流行語は、弱みにつけ込む、脅迫するという意味です。例えば、"～拿捏得死死的"、つまり、「～（弱点）をしっかりと掌握している」という使い方です。こわっ！

朝日出版社

〒101-0065 東京都千代田区西神田3-3-5 URL: http://text.asahipress.com/chinese/
TEL: 03-3263-3321 FAX: 03-5226-9599

注文書

新装版 はじめての中国語学習辞典	定価(本体2800円+税) ISBN978-4-255-01223-0	注文数	冊
中国語学習シソーラス辞典	定価(本体3800円+税) ISBN978-4-255-00993-3	注文数	冊
中国語類義語辞典	定価(本体4500円+税) ISBN978-4-255-00841-7	注文数	冊
カンタン中国語	定価(本体1600円+税) ISBN978-4-255-01310-7	注文数	冊
話してみたい中国語必須フレーズ100	定価(本体2500円+税) ISBN978-4-255-01276-6	注文数	冊
選抜!中国語単語 初級編	定価(本体2100円+税) ISBN978-4-255-01260-5	注文数	冊
選抜!中国語単語 中級編	定価(本体2100円+税) ISBN978-4-255-01261-2	注文数	冊
選抜!中国語単語 常用フレーズ編	定価(本体2500円+税) ISBN978-4-255-01262-9	注文数	冊

書店印

お名前

ご住所

TEL

必要事項をご記入のうえ、最寄りの書店へお申し込みください。

共同防沙治沙，已刻不容缓

Gòngtóng fángshāzhìshā, yǐ kèbùrónghuǎn

壁となって迫りくる砂嵐

　　洪水と並び、大きな自然災害をもたらすのが干害。特に雨量の少ない華北地域ではその被害が悩みの種。
　　それに拍車をかけるのが春に北方から吹く砂嵐。広範囲な緑化は進んでいるものの、自然の猛威はなかなか収まる気配を見せません。

北京， 2023 年 3 月 19 日 至 23 日，
Běijīng, èrlíng'èrsān nián sān yuè shíjiǔ rì zhì èrshisān rì,

经历了 两 次 强沙尘暴天气， PM10 峰值浓度 甚至
jīnglìle liǎng cì qiángshāchénbàotiānqì, PMshí fēngzhínóngdù shènzhì

达到 每立方米 1667 微克。 2023 年 1 至
dádào měilìfāngmǐ yìqiānliùbǎiliùshiqī wēikè. Èrlíng'èrsān nián yī zhì

4 月， 全国各地 出现 的 沙尘天， 为 近 五 年 同期
sì yuè, quánguógèdì chūxiàn de shāchéntiān, wéi jìn wǔ nián tóngqī

最 多。 治沙， 已经 刻不容缓。
zuì duō. Zhìshā, yǐjīng kèbùrónghuǎn.

其实， 中国 从 上世纪 90 年代， 就 开始
Qíshí, Zhōngguó cóng shàngshìjì jiǔshí niándài, jiù kāishǐ

治沙。 四大沙地 之一 的 科尔沁沙地 就是 一 个 很
zhìshā. Sìdàshādì zhīyī de Kē'ěrqìnshādì jiùshì yí ge hěn

好 的 观察样本。 科尔沁沙地 横跨 内蒙古、 吉林、
hǎo de guāncháyàngběn. Kē'ěrqìnshādì héngkuà Nèiměnggǔ, Jílín,

辽宁 三 省区。 这里 曾经 一 度 是 全国 沙化
Liáoníng sān shěngqū. Zhèli céngjīng yí dù shì quánguó shāhuà

极度 严重、 生态环境 非常 脆弱 的 地区 之一。
jídù yánzhòng、 shēngtàihuánjìng fēicháng cuìruò de dìqū zhīyī.

上世纪 80 年代， 当地 的 百姓 甚至 找不到
Shàngshìjì bāshí niándài, dāngdì de bǎixìng shènzhì zhǎobudào

烧火 的 木材。 一 位 退休 教师 说， 当年 在
shāohuǒ de mùcái. Yí wèi tuìxiū jiàoshī shuō, dāngnián zài

科尔沁沙地 拍到 的 照片： 茫茫 沙海 中， 只 有
Kē'ěrqìnshādì pāidào de zhàopiàn: mángmáng shāhǎi zhōng, zhǐ yǒu

一 棵 枯树。 "过去 沙尘暴 一 年 要 刮 二三十 次，
yì kē kūshù. "Guòqù shāchénbào yì nián yào guā èrsānshí cì,

一 刮 就是 两三 天， 风起 时， 黄沙 蔽日。 即使
yì guā jiùshì liǎngsān tiān, fēngqǐ shí, huángshā bìrì. Jíshǐ

门窗 紧闭， 屋里 也 全都 是 沙土。" 当地 的 一
ménchuāng jǐnbì, wūli yě quándōu shì shātǔ." Dāngdì de yí

解読の手がかり

一刮就是两三天：「吹けば2、3日続く」。"一〜就…"は「〜するとすぐ…」
という決まった言い回しです。

例文1：现在很多人一上车，就开始看手机。

　　　　Xiànzài hěnduō rén yí shàng chē, jiù kāishǐ kàn shǒujī.

例文2：铃声一响，学生们就走进教室准备上课。

　　　　Língshēng yì xiǎng, xuéshengmen jiù zǒujìn jiàoshì zhǔnbèi shàngkè.

即使〜也…：「たとえ〜であっても…だ」。仮定や譲歩を表します。

例文1：轻井泽，即使是夏天，气温也不高。

　　　　Qīngjǐngzé, jíshǐ shì xiàtiān, qìwēn yě bù gāo.

例文2：即使有很多优惠，愿意生第三个孩子的家庭也不多。

　　　　Jíshǐ yǒu hěnduō yōuhuì, yuànyì shēng dìsān ge háizi de jiātíng yě bù duō.

語　注

刻不容缓	（タイトル注）（四字成語）「一刻も猶予できない」
经历	「経験する」
强沙尘暴天气	「強い砂嵐の天気」。後の"沙尘天"は省略した形。
峰值	「ピーク時の値」
每立方米〜微克	「1立方メートル当たり〜マイクログラム」
科尔沁沙地	（地名）「ホルチン砂漠」
样本	「サンプル」「見本」
横跨〜	「〜を横断する」
内蒙古、吉林、辽宁	（地名）「内（うち）モンゴル自治区、吉林（きつりん）省、遼寧（りょうねい）省」
沙化	「砂漠化」
百姓	「民衆」「庶民」
找不到〜	「〜を見つけられない」
烧火的木材	「燃やす薪」
退休教师	「定年退職した教師」「元教員」

位 干部 说。
wèi gànbù shuō.

上世纪 90 年代 以后， 科尔沁沙地 周围 的
Shàngshìjì jiǔshí niándài yǐhòu, Kē'ěrqìnshādì zhōuwéi de

地区 真正 开始 行动 了。"为了 可以 种地 和
dìqū zhēnzhèng kāishǐ xíngdòng le. "Wèile kěyǐ zhòngdì hé

养牛， 能够 过 正常生活， 我 种了 28 年 的
yǎngniú, nénggòu guò zhèngchángshēnghuó, wǒ zhòngle èrshíbā nián de

树。"当地 农民 宝秀兰 说。水，是 从 五六 公里
shù." Dāngdì nóngmín Bǎo-Xiùlán shuō. Shuǐ, shì cóng wǔliù gōnglǐ

外 运来 的。树苗 在 风沙天 时 被 沙子 掩埋，或
wài yùnlái de. Shùmiáo zài fēngshātiān shí bèi shāzi yǎnmái, huò

被 大风 连根拔起， 他们 就 重新 挖坑、栽植。从
bèi dàfēng lián'gēnbáqǐ, tāmen jiù chóngxīn wākēng, zāizhí. Cóng

1995 年 至今， 宝秀兰 和 丈夫 绿化了 近 3万
yījiǔjiǔwǔ nián zhìjīn, Bǎo-Xiùlán hé zhàngfu lǜhuàle jìn sānwàn

亩 沙地。
mǔ shādì.

但是， 2023 年 的 沙尘暴 与 以往 不同。据
Dànshì, èrlíng'èrsān nián de shāchénbào yǔ yǐwǎng bùtóng. Jù

调查， 2023 年 1 至 4 月 的 沙尘暴 中，蒙古国
diàochá, èrlíng'èrsān nián yī zhì sì yuè de shāchénbào zhōng, Měnggǔguó

的 贡献率 达到了 七 成。治沙，已经 不再 是
de gòngxiànlǜ dádàole qī chéng. Zhìshā, yǐjīng bú zài shì

中国 一 个 国家 的 事情 了。国家主席 习近平 在
Zhōngguó yí ge guójiā de shìqing le. Guójiāzhǔxí Xí-Jìnpíng zài

同年 6 月 视察 内蒙古地区 时 指出，要 加强 同
tóngnián liù yuè shìchá Nèiměnggǔdìqū shí zhǐchū, yào jiāqiáng tóng

周边国家 的 合作， 共同 应对 沙尘灾害 天气。
zhōubiānguójiā de hézuò, gòngtóng yìngduì shāchénzāihài tiānqì.

解読の手がかり

水，是从五六公里外运来的：「水は5、6キロ離れたところから運んできたものだ」。"是～的"の間に動詞フレーズが入ると、すでに起こったことについて、その場所・方式・時間などに焦点を当てて述べる用法になります。

例文1：他是从南京转机到上海来的。
Tā shì cóng Nánjīng zhuǎnjī dào Shànghǎi lái de.

例文2：这次考察是从两个礼拜前开始的。
Zhè cì kǎochá shì cóng liǎng ge lǐbài qián kāishǐ de.

在风沙天时：「砂嵐のとき」。"在～时"は論説体では"当～时"とも言います。

例文1：在别人刷手机时，她选择了看书。
Zài biérén shuā shǒujī shí, tā xuǎnzéle kàn shū.

例文2：当免疫力下降时，就很容易生病。
Dāng miǎnyìlì xiàjiàng shí, jiù hěn róngyì shēngbìng.

語　注

种地	「農作物を栽培する」
宝秀兰	（人名）「宝秀蘭（ほう・しゅうらん）」
被～掩埋	「～に埋没する」
被～连根拔起	「～に根こそぎ抜き取られる」
挖坑	「穴を掘る」
亩	「ムー」。中国で農地を計算するとき用いられる単位。1ムーは約666㎡。
与～不同	「～と異なる」
以往	「これまで」「以前」
蒙古国	（国名）「モンゴル」
贡献率	「寄与度」。ここはマイナスのニュアンスで使われています。
不再是～	「もはや～ではない」

　2015 年の 18 期五中全会で習近平総書記は「生態環境、特に大気・水・土壌の汚染は深刻で、小康社会実現の重大なウイークポイントである」と述べました。課文にある砂嵐のような大規模な大気汚染は PM2.5 同様、一地域での対応で解決できる問題ではありません。そこで政府は 2020 年に〈生態環境領域における中央と地方の財政資金運用支出権分担改革方案〉を打ち出し、地域を跨ぐ生態環境保護における中央政府の運用権を強化しました。また、中国科学院は、2013 年に GEP（生態系総生産）という概念に関する算定方法を確立、生態保護に対する評価や生態保障政策の制定に科学的根拠を提供することを可能にしました。

　生態環境保護に関する大プロジェクトの 1 つが、2017 年に提起された長江経済ベルト各省やその源流の青海省が協力する〈三線一単（生態保護レッドライン・環境の質ボトムライン・資源利用上限ラインと生態環境参入リスト）生態環境区分け制御プラン〉で、2020 年には現実的な運用へ踏み出しています。

　2020 年、国家発展改革委員会は福建省・江西省・貴州省の 3 省に国家生態文明試験区が建設されて 5 年を経た成果を発表しましたが、江西省では全省を優先保護地区、重点管理抑制地区、一般管理抑制地区に分けて対策に取り組み、貴州省は全省で河長制を実施、4697 本の河川に 22755 名の河長を選任、省・市・県・郷・村による巡回制度を確立しました。

　2020 年秋に開催された 19 期五中全会で採択された第 14 次 5 カ年計画と 2035 年の長期目標に関する提案は、環境の持続的改善に関する主要任務を掲げましたが、植林や緑化なども含めた広範囲な環境対策は、こういった政府主導による取り組みが欠かせません。

 コトバあれこれ
　　── 雲を描かない中国の山水画。その理由を知りたい！

コトバと無関係の話ですが、中国の絵画を代表する山水画に雲がないってことはご存じですよね。山水画だから、雲がないのは特徴じゃないかと言われそう。▼しかし、同じ自然風景を描く西洋の絵画には空と雲がしっかり描かれています。晴れた空の雲、垂れこめた暗雲など、まるで雲が描けるか否かは、その画家の力量が問われているようです。天と地の描き方に黄金の比率まで存在しているし、あのモネの「睡蓮」にも雲が逆さに書かれていますよね。ところで、山水画は文字通り、山と水が主人公で、人間ですらわき役です。宋の著名な絵巻「千里江山図」には、あれだけ空（そら）のスペースがあるにもかかわらず、雲がありません！▼絵は心象風景とも言われています。東西の「雲」の扱い方から壮大な研究テーマが生まれそう。

"挤"进老年人天地的年轻人

"Jǐ" jìn lǎoniánrén tiāndì de niánqīngrén

年の差なんて関係なく楽しいね

　　教育の重圧に喘ぐ子供たち、社会からの疎外感に悩む老人たち。それぞれに抱える問題の解決に予想外の妙手が。
　　新たな発見、それは若者と高齢者の様々な形を通した交流。家族の大切さを再認識させられるこの現象が今、多くの共感を呼んでいます。

没有 升学压力， 不 考试、 不 内卷， 仅仅 几百
Méiyǒu shēngxuéyālì, bù kǎoshì、 bú nèijuǎn, jǐnjǐn jǐbǎi

元钱， 就 可以 在 钢琴、 书法、 拉丁舞 等 众多
yuánqián, jiù kěyǐ zài gāngqín、 shūfǎ、 Lādīngwǔ děng zhòngduō

课程 中 任选， 并且 上满 一 个 学期。 这 个
kèchéng zhōng rènxuǎn, bìngqiě shàngmǎn yí ge xuéqī. Zhè ge

学校 就是 老年大学。 2023 年 以来,老年大学 里
xuéxiào jiùshì Lǎoniándàxué. Èrlíng'èrsān nián yǐlái, Lǎoniándàxué li

出现了 很多 年轻人。他们 在 这里 短暂 摆脱
chūxiànle hěnduō niánqīngrén. Tāmen zài zhèli duǎnzàn bǎituō

"同辈压力", 为 自己 的 情绪 找到 一 个 避风港。
"tóngbèiyālì", wèi zìjǐ de qíngxù zhǎodào yí ge bìfēnggǎng.

38 岁 的 陈女士 是 一 名 会计师, 也 是
Sānshibā suì de Chén nǚshì shì yì míng kuàijìshī, yě shì

当地 老年大学 里 最 年轻 的 学员。她 说, "起初
dāngdì Lǎoniándàxué li zuì niánqīng de xuéyuán. Tā shuō, "Qǐchū

报名 时, 我 还是 挺 犹豫 的, 怕 融入不了 这 个
bàomíng shí, wǒ háishi tǐng yóuyù de, pà róngrùbuliǎo zhè ge

圈子。" 因为 工作 忙, 有时 没法 去 上课学习,
quānzi." Yīnwèi gōngzuò máng, yǒushí méifǎ qù shàngkèxuéxí,

同班 的 叔叔、 阿姨们 都 会 耐心地 给 她 补课。
tóngbān de shūshu、 āyímen dōu huì nàixīnde gěi tā bǔkè.

陈女士 说, "我 是 个 急性子, 这里 的 慢节奏 对
Chén nǚshì shuō, "Wǒ shì ge jíxìngzi, zhèli de mànjiézòu duì

我 正 合适。"
wǒ zhèng héshì."

无独有偶, 最近, 有 的 年轻人 特意 选择
Wúdúyǒu'ǒu, zuìjìn, yǒu de niánqīngrén tèyì xuǎnzé

老年旅游团, 原因 是 价格 低廉、 节奏 温和、 性价比
lǎoniánlǚyóutuán, yuányīn shì jiàgé dīlián、 jiézòu wēnhé、 xìngjiàbǐ

高。 社交平台 上, 不少 年轻人 发帖, 分享 自己 在
gāo. Shèjiāopíngtái shang, bùshǎo niánqīngrén fātiě, fēnxiǎng zìjǐ zài

解読の手がかり

<u>可以在～中任选</u>：「～の中で選ぶことができる」。助動詞や副詞は一般に介詞
フレーズの前に置かれます。

例文1：什么样的企业能在美国纽约交易所上市？
Shénmeyàng de qǐyè néng zài Měiguó Niǔyuējiāoyìsuǒ shàngshì?

例文2：一对年轻夫妇说，他们想在上海买一套房。
Yí duì niánqīng fūfù shuō, tāmen xiǎng zài Shànghǎi mǎi yí tào fáng.

<u>因为工作忙</u>：「仕事が忙しいので」。"因为～所以…"の組み合わせで使われる
こともありますが、一方だけでも使われます。

例文1：因为要做的事很多，就觉得时间不够用了。
Yīnwèi yào zuò de shì hěnduō, jiù juéde shíjiān búgòu yòng le.

例文2：世界上好人很多，所以生活很有意义。
Shìjiè shang hǎorén hěnduō, suǒyǐ shēnghuó hěn yǒu yìyì.

語 注

挤进	（タイトル注）「割り込む」
内卷	「激しく競争する」
拉丁舞	「ラテンダンス」
上满一个学期	「まるまる一学期通学する」。"上满"は動詞＋結果補語の形。
老年大学	「高齢者大学」「シニア大学」。1980年代から中国の各地に設置され始めた、高齢者の生涯学習教室。
同辈压力	「同年輩の圧力」
报名	「手続する」「登録する」
挺～	「なかなか～だ」「かなり～だ」
融入不了～圈子	「～の輪に溶け込めない」
耐心地	「我慢強く」「根気よく」
慢节奏	「スローテンポ」
无独有偶	（四字成語）「一度あることは二度ある」「同じことがほかにもある」
节奏温和	「テンポがゆるやか」
性价比高	「コストパフォーマンスがよい」
发帖	「（ソーシャルメディアに）投稿する」

老年团 的 经历。他们 或 凭借 小辈优势，备受
lǎoniántuán de jīnglì. Tāmen huò píngjiè xiǎobèiyōushì, bèishòu

照顾；或 因为 有 拍照技能 成为 团宠。还 有
zhàogù; huò yīnwèi yǒu pāizhàojì'néng chéngwéi tuánchǒng. Hái yǒu

一些 年轻人 直言："被 一 趟 旅行 治愈 了。"
yìxiē niánqīngrén zhíyán: "Bèi yí tàng lǚxíng zhìyù le."

大学 刚 毕业 的 刘小蕾 报名 参加了 一 个
Dàxué gāng bìyè de Liú-Xiǎolěi bàomíng cānjiāle yí ge

去 云南 的 旅游团。在 机场 集合 时，她 见到 的
qù Yúnnán de lǚyóutuán. Zài jīchǎng jíhé shí, tā jiàndào de

是 一 群 老年人。刚 开始，刘小蕾 很 担心。
shì yì qún lǎoniánrén. Gāng kāishǐ, Liú-Xiǎolěi hěn dānxīn.

但是，行程 开始 后，她 惊喜地 发现，老年团团员
Dànshì, xíngchéng kāishǐ hòu, tā jīngxǐde fāxiàn, lǎoniántuántuányuán

关系 和谐、精力 充沛。"感觉 和 同龄人 出来 玩
guānxi héxié、 jīnglì chōngpèi. "Gǎnjué hé tónglíngrén chūlái wánr

差不多，而且 还 更加 放松，因为 不 需要 提前 做
chàbuduō, érqiě hái gèngjiā fàngsōng, yīnwèi bù xūyào tíqián zuò

攻略，也 没有 年龄焦虑。"
gōnglüè, yě méiyǒu niánlíngjiāolǜ."

无论 是 老年大学 也好，老年旅游团 也好，大多
Wúlùn shì Lǎoniándàxué yěhǎo, lǎoniánlǚyóutuán yěhǎo, dàduō

对 年轻人 的 加入 持 欢迎态度。年轻人 与 老年人
duì niánqīngrén de jiārù chí huānyíngtàidu. Niánqīngrén yǔ lǎoniánrén

在 一起，具备了 "互助" 的 特征。这样 的 互助
zài yìqǐ, jùbèile "hùzhù" de tèzhēng. Zhèyàng de hùzhù

不仅 体现在 行动 上，也 体现在 精神层面，
bùjǐn tǐxiànzài xíngdòng shang, yě tǐxiànzài jīngshéncéngmiàn,

有助于 提升 两代人 甚至 三代人 之间 的 了解 与
yǒuzhùyú tíshēng liǎngdàirén shènzhì sāndàirén zhījiān de liǎojiě yǔ

认识。
rènshi.

解読の手がかり

或~或…：「～するかあるいは…するか」。

　例文1：房价或上涨或下跌，都是由市场决定的。
　　　　Fángjià huò shàngzhǎng huò xiàdiē, dōu shì yóu shìchǎng juédìng de.

　例文2：司马迁说，人固有一死，或重于泰山，或轻于鸿毛。
　　　　Sīmǎ-Qiān shuō, rén gù yǒu yì sǐ, huò zhòngyú Tàishān, huò qīngyú hóngmáo.

无论~也好，…也好：「～であろうと…であろうと」。"无论"の後にはこのほか"A 还是 B"や疑問詞が置かれることもあり、「いずれにしても結果は同じだ」ということを表します。

　例文1：无论是丰田也好，松下也好，刚开始都是家族企业。
　　　　Wúlùn shì Fēngtián yě hǎo, Sōngxià yě hǎo, gāng kāishǐ dōu shì jiāzúqǐyè.

　例文2：无论当代人也好，后代人也好，各有各的"时代局限性"。
　　　　Wúlùn dāngdàirén yě hǎo, hòudàirén yě hǎo, gè yǒu gè de "shídàijúxiànxìng".

語　注

优势	「強み」
团宠	「ツアーのアイドル」
被~治愈	「～に癒される」
刘小蕾	（人名）「劉小蕾（りゅう・しょうらい）」
更加	「さらに」。意味は"更"と同じですが、2音節の形容詞と組み合わせて偶数のリズムを作ります。
提前做攻略	「事前に攻略法を練る」
持~态度	「～の態度を取る」
有助于~	「～の助けになる」「～に役立つ」

　2015 年頃、中国の 15 歳以上の人々の中で、鬱病・自閉症などの精神発達障害患者が 1 億人を超え、重度の障害患者は 1600 万人にも達し、しかも年間 20％ずつ増加していることが判明、国民の「心の健康」が重大な問題としてクローズアップされました。

　学校教育において 3000 万人以上の児童が問題を抱えている事実を突きつけられた政府は、2015 年に〈小中高等学校カウンセラー室設置の手引き〉を配布、資格を備えた専門カウンセラーを配置して生徒や保護者に対し無料開放し、予防や即時対応システムの構築を規定しました。青少年の精神障害の原因は様々ですが、学習面での重圧のほかに、家庭内での人間関係の変化も指摘されています。両親が共働きの上、一人っ子が多く、核家族化による祖父母世代との隔絶がもたらす孤独が与える心理的プレッシャーを癒すため、ゲームなどバーチャルな世界に耽溺し、結果として自閉的になるケースが急増したのです。一方で、子供に巣立たれた"空巣老人"や子供のいない独居老人は、デジタルデバイドも加わり、疎外感から精神障害に一層罹りやすくなりました。

　2017 年、政府は正式に「国民心理健康ネット」を立ち上げて相談に応じつつ、〈全国衛生工作計画（2015-2020 年)〉で精神科医を 4 万名に増やし、70％の郷鎮に精神衛生総合管理チームを設置する目標を掲げ、2021 年には「5 つの管理」（宿題・睡眠・スマホ・読書・健康管理）を打ち出しましたが、課文にあるように、実は老人と青少年たちの触れ合いが両者にとって非常に有意義であり、「家族や地域社会のつながりが人々を孤独から救い、精神作用に極めて有益である」ことはまさに目からうろこと言っていいでしょう。

　🧑 コトバあれこれ ── 若者のイメージはどの時代も捉えにくいもの！

【代】昔、自分も「〜代」と呼ばれたようです。

　★游生代 yóushēngdài　　ゲーム世代。

　★网生代 wǎngshēngdài　ネット世代。

　★刷一代 shuāyídài　　　スマホ世代。"刷"は指でスライドするときの動き。

　★迭代加速 diédàijiāsù　世代交代加速。

【控】ネットでは「コントロールされている人」「〜にこだわる人」となりました。

　★萝莉控 luólìkòng　　　ロリコン。

　★韩剧控 Hánjùkòng　　　韓ドラ好き、韓ドラマニア。

　★衣服控 yīfukòng　　　おしゃれ好き。

　★颜控 yánkòng　　　　　面食い、外見にこだわる人。"颜控男""颜控女"もいるよ。

就活・留学準備の強力な味方!

あなたのグローバル英語力を測定
新時代のオンラインテスト

銀行のセミナー・研修にも使われています

CNN

GLENTS

留学・就活により役立つ新時代のオンラインテスト

初級者からの
ニュース・リスニング

CNN Student News 2023 [春夏]

動画音声付き
オンライン提供

音声アプリ＋動画で、
どんどん聞き取れる！

- ●レベル別に3種類の
  速度の音声を収録
- ●ニュース動画を字幕
  あり/なしで視聴できる

MP3・電子書籍版・
動画付き［オンライン提供］
A5判 定価1320円（税込）

1本30秒だから、聞きやすい！

CNN ニュース・リスニング 2023 [春夏]

電子書籍版付き
ダウンロード方式で提供

[30秒×3回聞き]方式で
世界標準の英語がだれでも聞き取れる！

- ●テイラー・スウィフトが
  長編映画の監督に
- ●まるでゾンビ!? クモの
  死体を「動くロボット」化

MP3・電子書籍版付き
（ダウンロード方式）
A5判 定価1100円（税込）

詳しくはCNN GLENTSホームページをご覧ください。

https://www.asahipress.com/special/glents

CNN GLENTSとは

GLENTSとは、Global ENglish Testing Systemという名の通り、世界標準の英語力を測るシステムです。リアルな英語を聞き取るリスニングセクション、海外の話題を読み取るリーディングセクション、異文化を理解するのに必要な知識を問う国際教養セクションから構成される、世界に通じる「ホンモノ」の英語力を測定するためのテストです。

お問い合わせ先

株式会社 朝日出版社　「CNN GLENTS」事務局

フリーダイヤル：0120-181-202　E-MAIL：glents_support@asahipress.com

（平日午前10時～午後6時）

※画像はイメージです。

重庆医生赴南太平洋援外

Chóngqìng yīshēng fù Nán-Tàipíngyáng yuánwài

中国人医師に「弟子入り」（上）
木陰に机と椅子を置けばそこがもう診療所に（下）

　　途上国に対する中国の様々な援助は、PKO活動・インフラ建設・技術供与・医療援助と様々な分野に拡大。
　　一方、こういった援助は、いずれの国でも外交政策と不即不離の関係が。グローバルサウスへのアプローチもそこに住む人々の幸せに直結することが望まれます。

巴布亚新几内亚 是 位于 南太平洋 的 岛国，
Bābùyàxīnjǐ'nèiyà shì wèiyú Nán-Tàipíngyáng de dǎoguó,

距离 中国 重庆 有 6000 公里 之遥，但 每年 都
jùlí Zhōngguó Chóngqìng yǒu liùqiān gōnglǐ zhīyáo, dàn měinián dōu

有 一 批 来自 重庆 的 医疗队 为 这里 的 人民
yǒu yì pī láizì Chóngqìng de yīliáoduì wèi zhèli de rénmín

提供 无偿 的 医疗援助，至今 这 项 援外医疗任务
tígōng wúcháng de yīliáoyuánzhù, zhìjīn zhè xiàng yuánwàiyīliáorènwu

已经 持续 整整 20 年。
yǐjīng chíxù zhěngzhěng èrshí nián.

何卫阳 是 重庆医科大学 附属第一医院 泌尿外科
Hé-Wèiyáng shì Chóngqìngyīkēdàxué fùshǔdìyīyīyuàn mìniàowàikē

的 医生，作为 第九 批 中国援助巴新医疗队 队长，
de yīshēng, zuòwéi dìjiǔ pī ZhōngguóyuánzhùBāxīnyīliáoduì duìzhǎng,

2018 年 带队 到 巴新 莫尔斯比港综合医院。 2019
èrlíngyībā nián dàiduì dào Bāxīn Mò'ěrsībǐgǎngzōnghéyīyuàn. Èrlíngyījiǔ

年 回国 时，他 带回了 一 个 "洋徒弟"。 四 年 后，
nián huíguó shí, tā dàihuíle yí ge "yángtúdì". Sì nián hòu,

又 接受了 第二 个 "洋徒弟"，名叫 斯考勒，是
yòu jiēshòule dì'èr ge "yángtúdì", míngjiào Sīkǎolè, shì

莫尔斯比港综合医院 泌尿外科 医生。她 说："这 是
Mò'ěrsībǐgǎngzōnghéyīyuàn mìniàowàikē yīshēng. Tā shuō: "Zhè shì

我 第一 次 来 中国。我 知道 有 语言障碍，但
wǒ dìyī cì lái Zhōngguó. Wǒ zhīdao yǒu yǔyánzhàng'ài, dàn

我 觉得 和 中国医疗队 沟通 很 容易。中国 的
wǒ juéde hé Zhōngguóyīliáoduì gōutōng hěn róngyì. Zhōngguó de

医生 非常 敬业，他们 在 外科手术 方面 做得
yīshēng fēicháng jìngyè, tāmen zài wàikēshǒushù fāngmiàn zuòde

非常 出色。何教授 通过 腹腔镜肾切除术 向 我
fēicháng chūsè. Hé jiàoshòu tōngguò fùqiāngjìngshènqiēchúshù xiàng wǒ

展示了 高超 的 医术，我 要 尽可能多地 在 中国
zhǎnshìle gāochāo de yīshù, wǒ yào jǐnkě'néngduōde zài Zhōngguó

学习。我 要 把 在 这里 所 学到 的 知识，带回
xuéxí. Wǒ yào bǎ zài zhèli suǒ xuédào de zhīshi, dàihuí

解読の手がかり

有 6000 公里之遥：「6000 キロもの距離がある」。"之" は特定の言い回しとして使われる論説体の語です。遥" は「遠い」という意味ですが、これだけで形容詞としては使えません。"遥" の他にも様々な語と結びつきます。

> 例文1：他翻译短篇小说和戏剧作品达 14 部之多。
> Tā fānyì duǎnpiānxiǎoshuō hé xìjùzuòpǐn dá shísì bù zhīduō.

> 例文2：施工难度之大，技术要求之高，超乎想象。
> Shīgōng nándù zhīdà, jìshù yāoqiú zhīgāo, chāohū xiǎngxiàng.

在这里所学到的知识：「ここで学んだ知識」。"所" は動詞の前に置かれて名詞句を作ったり、名詞の修飾語を作ったりします。

> 例文1：公司把所持股份减少到 50% 以下。
> Gōngsī bǎ suǒ chí gǔfèn jiǎnshǎodào bǎifēnzhīwǔshí yǐxià.

> 例文2：你所看到听到的，不一定都是真的。
> Nǐ suǒ kàndào tīngdào de, bù yídìng dōu shì zhēn de.

語　注

重庆	（タイトル注）（地名）「重慶（じゅうけい）市」。4つある直轄市の1つ。
援外	（タイトル注）「海外援助」
巴布亚新几内亚	（国名）「パプアニューギニア」。"巴新" はその省略形。
位于〜	「〜に位置する」
何卫阳	（人名）「何衛陽（か・えいよう）」
重庆医科大学	「重慶医科大学」
泌尿外科	「泌尿器外科」
莫尔斯比港综合医院	「ポートモレスビー総合病院」
洋徒弟	「外国人の弟子」
斯考勒	（人名）「スコラー」
敬业	「職業を大事にしている」
做得非常出色	「とても立派にこなす」
腹腔镜肾切除术	「腹腔鏡腎臓切除手術」
把〜带回…	「〜を…に持って帰る」

巴布亚新几内亚。
Bābùyàxīnjǐ'nèiyà.

回忆起 400多 天 的 援外经历，何卫阳 说，
Huíyìqǐ sìbǎiduō tiān de yuánwàijīnglì, Hé-Wèiyáng shuō,

医疗队 深入 当地农村，在 树荫 下 放 几 把 椅子，
yīliáoduì shēnrù dāngdìnóngcūn, zài shùyīn xià fàng jǐ bǎ yǐzi,

几 张 桌子，就 开始 义诊。让 何卫阳 惊讶 的
jǐ zhāng zhuōzi, jiù kāishǐ yìzhěn. Ràng Hé-Wèiyáng jīngyà de

是，来 就诊 的 很多 人 一辈子 都 没有 看过
shì, lái jiùzhěn de hěnduō rén yíbèizi dōu méiyǒu kànguo

医生，甚至 有 人 从 100 公里 外 的 部落 徒步
yīshēng, shènzhì yǒu rén cóng yìbǎi gōnglǐ wài de bùluò túbù

来 义诊现场 看病。
lái yìzhěnxiànchǎng kànbìng.

在 接诊 患者 中，一 位 巴新青年 给 何卫阳
Zài jiēzhěn huànzhě zhōng, yí wèi Bāxīnqīngnián gěi Hé-Wèiyáng

留下了 深刻 印象，患者 是 一 位 足球运动员。他
liúxiàle shēnkè yìnxiàng, huànzhě shì yí wèi zúqiúyùndòngyuán. Tā

起初 非常 不 愿意 接受 手术，但是，看到 中国
qǐchū fēicháng bú yuànyì jiēshòu shǒushù, dànshì, kàndào Zhōngguó-

政府 援助 的 外科微创设备，他 接受了 手术。
zhèngfǔ yuánzhù de wàikēwēichuāngshèbèi, tā jiēshòule shǒushù.

20 年 里，中国医疗队 还 开展了 一系列
Èrshí nián li, Zhōngguóyīliáoduì hái kāizhǎnle yíxìliè

培训，为 当地 培养了 一 批 "带不走 的 医疗队员"，
péixùn, wèi dāngdì péiyǎngle yì pī "dàibuzǒu de yīliáoduìyuán",

造福 当地 患者。2023 年 8 月，已经 60 岁 的
zàofú dāngdì huànzhě. Èrlíng'èrsān nián bā yuè, yǐjīng liùshí suì de

何卫阳 收拾好 行囊，再次 踏上了 前往 巴新 的
Hé-Wèiyáng shōushihǎo xíngnáng, zàicì tàshàngle qiánwǎng Bāxīn de

医疗援助 之路。
yīliáoyuánzhù zhīlù.

解読の手がかり

让何卫阳惊讶：「何衛陽を仰天させる」。"让"は使役を表します。論説体では"使"が使われることもあります。

例文1：日本政府的措施让人失望。
　　　　Rìběnzhèngfǔ de cuòshī ràng rén shīwàng.

例文2：让内山书店回到中国，是内山家后人的最大心愿。
　　　　Ràng Nèishānshūdiàn huídào Zhōngguó, shì Nèishānjiā hòurén de zuì dà xīnyuàn.

甚至有人~：「~する人さえいる」。"甚至"は漢文調に読み下せば「甚だしきに至っては」。極端な例を挙げるときに使い、「ときには~することもある」のようにも訳せます。

例文1：中国有很多城市甚至没有一座山。
　　　　Zhōngguó yǒu hěnduō chéngshì shènzhì méiyǒu yí zuò shān.

例文2：他甚至做梦也没想到，自己会得冠军。
　　　　Tā shènzhì zuòmèng yě méi xiǎngdào, zìjǐ huì dé guànjūn.

語　注

深入~	「~に深く入り込む」「~に進む」
放~	「~を置く」
把	椅子や傘、鍵など、摑むところがあるものを数える量詞。
张	机や紙、ベッドなど、表面が平らなものを数える量詞。
义诊	「無料診察」
就诊	「診察を受ける」
一辈子	「生涯」
看医生	「医者に診てもらう」
足球运动员	「サッカー選手」
外科微创设备	「最小侵襲手術設備」。"微创"は手術の際、できるだけ小さく切開すること。
培训	「研修」
带不走	「連れていけない」
收拾好行囊	「荷物をきちんとまとめる」
踏上~之路	「~の途に就いた」

　欧米諸国や日本などとの政治的・経済的対立が進み、貿易にも暗い影を落とす中、中国が目論んでいるのが、従来のアフリカのほかに、南太平洋諸国や南アメリカなどアメリカ周辺の国々との関係改善です。この地域は、国の数も多いし、鉱物資源・農産物資源も豊富、加えて台湾と国交を樹立している国々も集中しています。

　習近平は2012年総書記就任以来、アメリカの裏庭とも言われるカリブ海諸国や中南米各国との提携を積極的に推進してきました。2014年には〈中国－ラテンアメリカ・カリブ海諸国共同体フォーラム設立を支持する特別声明〉を採択、2016年には〈中国の対ラテンアメリカ・カリブ政策文書〉を発表し、今後へ向けた新たな方針を示しました。

　その後、中国は、チリの水力発電所株の取得、オーストラリアの再生エネルギー企業のブラジルにおける資産の買収など、電力インフラへの投資に力を入れ、農業面でも、2020年第1四半期、同地域からの輸入額が中国の農業生産物輸入額全体の増加速度の2倍の速さで増えました。大豆・肉類・ショ糖などを中心としたブラジル農産物の中国向け輸出は前年同期比で約50％増加し、同国の農産物輸出総額の約45％を占めました。エクアドルにとって中国はエビの最大輸出先、チリにとって中国は様々な果物やドライフルーツの主要輸出先になっています。自動車産業での協力も広がりを見せるようになりました。中国ブランドの自動車にとって、メキシコ、チリ、ブラジル、ペルーなどは主要な輸出先に成長し、現地生産や現地企業との合弁も積極的に展開されるようになりました。このほか、コロンビアの首都ボゴタの地下鉄、メキシコの工業都市モンテレーのライトレールといった都市交通の建設への協力も際立っています。

コトバあれこれ —— 固有名詞の漢字当て字クイズ

対応するものを線で結びましょう。

★ハリー・ポッター（小説）　　　　　　　　　　・　　・小罗伯特・唐尼 Xiǎo-Luóbótè・Tángní

★ジャスティン・ビーバー（歌手）　　　　　　・　　・钢铁侠 Gāngtiěxiá

★トム・クルーズ（俳優）　　　　　　　　　　・　　・漫威漫画公司 Mànwēimànhuàgōngsī

★カマラ・ハリス（米副大統領）　　　　　　　・　　・美国队长 Měiguóduìzhǎng

★アイアンマン（映画名）　　　　　　　　　　・　　・汤姆・克鲁斯 Tāngmǔ・Kèlǔsī

★マーベル・コミック（コミック出版社）　　　・　　・贾斯汀・比伯 Jiǎsīdīng・Bǐbó

★キャプテン・アメリカ（映画名）　　　　　　・　　・哈利・波特 Hālì・Bōtè

★ロバート・ダウニー・ジュニア（俳優）　　　・　　・卡玛拉・哈里斯 Kǎmǎlā・Hālǐsī

練習問題

第1课　首位登上美国货币的亚裔

【一】日本語の意味に合うように、［　］から適当な語を選んで（　）を埋めてください。

(1)真新しいデザインの硬貨　　　　　一（　）全新的硬币

(2)1人目のアジア系スター　　　　　第一（　）亚裔明星

(3)60本余りの映画　　　　　　　　60多（　）电影

(4)あの星　　　　　　　　　　　　那（　）星

(5)第95回〜授賞式　　　　　　　　第95（　）〜颁奖典礼

　　［届　颗　部　位　款］

【二】日本語の意味に合うように、本文または例文から適当な語句を選んで（　）に入れてください。

(1)彼女と協力する

（　　）她（　　　）

(2)政府は問題ないと言うが、多くの人は信用できないと感じている。

（　　）政府说没问题，（　　）很多人觉得不可信。

(3)心臓発作のため世を去る

（　　）心脏病发作（　　　）

【三】日本語の意味に合うように、［　］内の語句を並べ替えてください。

(1)マレーネ・ディートリッヒの出演料はと言えば7万8000ドル以上でした。

［的　玛琳·黛德丽　7万8000美元以上　则　片酬　为］。

―――――――――――――――――――――――――――

(2)彼女はハリウッドで最も美しい女優の1人と考えられています。

［是　她　好莱坞　女演员之一　被认为　最美丽的］。

―――――――――――――――――――――――――――

(3)彼女は一生のうちに多くの試練と障害を乗り越えました。

［许多　在　克服了　一生　挑战和障碍　中　她］。

―――――――――――――――――――――――――――

第 2 课　洪水中的涿州书店和书库

【一】日本語の意味に合うように、[　]から適当な語を選んで（　）を埋めてください。

(1)庭まで走る　　　　　　　　　　　　　跑（　）院里
(2)外へ駆け出す　　　　　　　　　　　　（　）外跑
(3)北京の天安門から　　　　　　　　　　（　）北京天安門
(4)わずか 55 キロメートル　　　　　　　（　）55 公里
(5)けっして手をこまねいていたわけではない　（　）没有束手无策
[并　仅　往　到　距]

【二】日本語の意味に合うように、本文または例文から適当な語句を選んで（　）に入れてください。

(1)洪水の中に取り残される
留（　）洪水（　　）
(2)書庫を涿州に設ける
（　）书库（　）涿州
(3)もっとひどく水濡れしていても私は買う
淹得（　）狠我（　）买

【三】日本語の意味に合うように、[　]内の語句を並べ替えてください。
(1)その雨はおよそ 1 週間降り続きました。
[场　雨　这　一星期　持续了　约]。

_____

(2)書庫に保管してあった 400 万冊余りの書籍はほとんど全滅です。
[全军覆没　储存的　库房　几乎　400 多万册书籍]。

_____

(3)現場に赴いて図書の片づけ作業に加わるボランティアがいます。
[志愿者　清理工作　有　到现场　图书　参与]。

_____

第3课　北京中轴线申遗，让历史对话未来！

【一】日本語の意味に合うように、[　]から適当な語を選んで（　）を埋めてください。
- (1)長い歴史を持つこの首都　　　　这（　）历史悠久的都城
- (2)長さ7.8キロメートルにもなる　长（　）7.8公里
- (3)この線　　　　　　　　　　　　这（　）线
- (4)～に生まれる　　　　　　　　　诞生（　）～
- (5)昔と今　　　　　　　　　　　　古（　）今

[与　于　达　条　座]

【二】日本語の意味に合うように、本文または例文から適当な語句を選んで（　）に入れてください。
- (1)南は永定門から北は鐘楼・鼓楼まで
  南（　）永定门，北（　）钟鼓楼
- (2)菊の花は見て楽しめるだけでなく、お茶としていれることもできる。
  菊花（　）能供人观赏，（　）能用来泡茶。
- (3)子供を連れて見に来る
  （　）孩子（　）来看

【三】日本語の意味に合うように、[　]内の語句を並べ替えてください。
- (1)北京中軸線は世界に現存する最も保存状態のよい古代都市軸線です。
  [是　古代城市轴线　现存　世界上　最完整的　北京中轴线]。

　　　　　　　　　　　　　　　　　　　　　　　　　　　　　

- (2)この理念は今日でもまだそのまま用いられています。
  [依然　被　这个　今天　沿用　到　理念]。

　　　　　　　　　　　　　　　　　　　　　　　　　　　　　

- (3)それが人々に北京の歴史の大河を旅しているように感じさせるのです。
  [它　感覚　有一种　让人　在北京历史长河中　遨游的]。

第 4 课　出口 "新三样" 走俏

【一】日本語の意味に合うように、［ ］から適当な語を選んで（ ）を埋め
てください。
- (1)最初の 5 カ月　　　　　　　　　　　（ ）5 个月
- (2)改革開放の初め　　　　　　　　　　改革开放（ ）初
- (3)スウェーデンから来た　　　　　　　来（ ）瑞典
- (4)誰が「新・三種の神器」を買っているのか　誰（ ）购买 "新三样"?
- (5)いまだに大きな伸びしろがある　　　（ ）有较大增长空间

　　［之　前　仍　自　在］

【二】日本語の意味に合うように、本文または例文から適当な語句を選んで
（ ）に入れてください。
- (1)～と呼ばれる
- （ ）称（ ）～
- (2)「旧・三種の神器」が堅調なのと同時に
- （ ）"老三样" 稳扎稳打的（ ）
- (3)外部から見て
- （ ）外部（ ）

【三】日本語の意味に合うように、［ ］内の語句を並べ替えてください。
- (1)対外貿易は一国の経済を観察する重要な窓口です。
　　［是　外贸　一国经济的　重要窗口　观察］。

_____

- (2)私たちは中国と商売がしたいです。
　　［和　做生意　想　我们　中国］。

_____

- (3)新エネルギーに対する世界の注目度は徐々に高まりつつあります。
　　［重视程度　对　在　逐步提高　全球　新能源的］。

_____

第5課 "村BA"风靡中国乡村

【一】日本語の意味に合うように、[　]から適当な語を選んで（　）を埋め
てください。
　　(1)1回のスリーポイントシュート　　　　　一（　）远距离三分
　　(2)応援するチームに声援を送る　　　　　（　）支持的球队加油助威
　　(3)こうした農村バスケットボールの試合　这（　）乡村篮球赛事
　　(4)参加率がかなり高い　　　　　　　　　参与率（　）高
　　(5)1回の試合が終わると　　　　　　　　一（　）比赛下来
　　[较　场　记　为　类]

【二】日本語の意味に合うように、本文または例文から適当な語句を選んで
（　）に入れてください。
　　(1)ライブ配信をしたことがある
　　（　）直播（　　）
　　(2)強い印象を残した
　　（　）了深刻的（　　）
　　(3)ますます多くなる
　　（　）来（　　）多

【三】日本語の意味に合うように、[　]内の語句を並べ替えてください。
　　(1)観客席の前列に座った青年は興奮して両手を打ち振ります。
　　[前排　挥舞双手　的　观众席　青年　激动地　坐在]。
　　_____

　　(2)多くの人が朝早くから彭陽県体育館の外に行列を作りました。
　　[就　彭阳县体育馆外　不少人　来到　排队　一大早]。
　　_____

　　(3)体育館の中はバスケットボールをしに来る人でいっぱいです。
　　[是　体育馆里　来　打球的　人　都]。
　　_____

第6课　脱下"孔乙己长衫"

【一】日本語の意味に合うように、［　］から適当な語を選んで（　）を埋めてください。

 (1) 降りられない台   下（　）来的高台

 (2) ぼろぼろの長い服を着ている 穿（　）一件破旧的长衫

 (3) とある広告会社   一（　）广告公司

 (4) 世界トップ500   世界500（　）

 (5) 失業率は21.3%だ   失业率（　）21.3%

 [家　不　强　为　着]

【二】日本語の意味に合うように、本文または例文から適当な語句を選んで（　）に入れてください。

 (1) 先方が満足しさえすればいい

 （　）对方满意（　）行

 (2) 給料を受け取るときを除いて、

 （　）在收到工资的那一刻（　），

 (3) 彼女にとって

 （　）她（　）

【三】日本語の意味に合うように、［　］内の語句を並べ替えてください。

 (1) 彼らは内心戸惑いがないわけではありません。

 [内心　不是　困惑　他们　没有]。

 —————————————————————————————

 (2) 私は、今やっているこの「ブルーカラー」の仕事がいつまでできるか分かりません。

 ["蓝领"工作　我　多久　不清楚　这份　会做　手中]。

 —————————————————————————————

 (3) 目的は大学生がもっと仕事を探しやすいようにするためだと言えます。

 [大学生　为了　目的　可以说　更容易　是　帮助　找到工作]。

 —————————————————————————————

第7課　世界首艘海上养殖船

【一】日本語の意味に合うように、[　]から適当な語を選んで（　）を埋めてください。

(1)午前 9 時ごろ　　　　　　　　上午 9 时（　）
(2)合わせて 15 の養殖船倉がある　　（　）有 15 个养殖舱
(3)最適な成長温度の範囲　　　　　最（　）生长温度范围
(4)最もよく育つ　　　　　　　　长（　）最好
(5)有効利用できる　　　　　　　（　）有效利用

[可　得　共　许　佳]

【二】日本語の意味に合うように、本文または例文から適当な語句を選んで（　）に入れてください。

(1)注文は前年同期と比べて 5% 増加している。
订单（　）上年同期（　）增长 5%。
(2)養殖業にもたらす影響
（　）养殖业（　）的影响
(3)0 から 1 へ
（　）0（　）1

【三】日本語の意味に合うように、[　]内の語句を並べ替えてください。

(1)すべての養殖作業はこの船の上で行われます。
[在　進行　所有的　都　这艘船上　养殖活动]。

_____

(2)「国信 1 号」は設計上、2 つのモデルを兼ね備えています。
[两种模式　在　"国信 1 号"　兼具　设计上]。

_____

(3)10 万トンという積載量は「国信 1 号」に安定性を持たせています。
[稳定性　10 万吨的　具有　载重量　使"国信 1 号"]。

_____

第8課　城市花絮

【一】日本語の意味に合うように、[　]から適当な語を選んで（　）を埋めてください。
　　(1)探しにくい　　　　　　　　　　　　不（　）找
　　(2)もう1度繰り返す　　　　　　　　　重复一（　）
　　(3)この日に会ったばかり　　　　　　　这天（　）刚刚见面
　　(4)ごうごうたる非難の声　　　　　　　一（　）批判声
　　(5)スマホで料理をコード注文する　　　（　）手机扫码点餐
　　[用　片　好　遍　才]

【二】日本語の意味に合うように、本文または例文から適当な語句を選んで
（　）に入れてください。
　　(1)家族に言い聞かせるのと同じように
　　（　）在叮嘱自己的家人（　　　）
　　(2)多くの店に喜ばれる
　　（　）众多商家（　　　）
　　(3)高い基準があってこそ高い品質がある。
　　（　）高标准,（　　　）有高质量。

【三】日本語の意味に合うように、[　]内の語句を並べ替えてください。
　　(1)李可さんの仕事は患者に付き添って「医療の迷宮」を通り抜けることです。
　　[穿越　陪同患者　李可的　"医疗迷宫　就是　工作]。

　　_____

　　(2)コード注文はすでに多くのレストランの「標準装備」となっているようです。
　　[已成了　似乎　扫码点餐　"标配"　不少餐厅的]。

　　_____

　　(3)数人が同時に画面を見ながら料理を注文できます。
　　[点餐　可以　几个人　看着　同时　画面]。

　　_____

第9課 "托育难"成为阻碍生育的拦路虎

【一】日本語の意味に合うように、[　]から適当な語を選んで（　）を埋めてください。

(1)職場に戻る　　　　　　　　　　　　（　）回职场

(2)子供が生まれたら誰が面倒を見るのか　生了孩子谁（　）带

(3)もう1つの問題　　　　　　　　　　（　）一个问题

(4)すぐに利用できる　　　　　　　　　马上（　）能利用

(5)ちょうど直面している　　　　　　　（　）在面临

[来　另　重　就　正]

【二】日本語の意味に合うように、本文または例文から適当な語句を選んで（　）に入れてください。

(1)各地に～がある

（　）地（　）有～

(2)卒業したとたんに奪い取られる

（　）毕业，（　）被抢走

(3)お母さんたちに多くの厄介をかける

（　）妈妈们（　）了不少问题

【三】日本語の意味に合うように、[　]内の語句を並べ替えてください。

(1)家には手伝って面倒を見てくれるお年寄りが4人います。

[四个　老人　可以　家里　帮忙照看　有]。

_____

(2)一般の託児所にいるのはほとんど「保育士」の証書を持たないスタッフです。

[的　普通托育机构　没有　护理人员　几乎　都是　"保育师"证书]。

_____

(3)3割を超える乳幼児家庭に子供を預けるニーズがあります。

[有　有　托育的　的　婴幼儿家庭　三成　需求　超过]。

_____

第 10 課　百岁基辛格再访华

【一】日本語の意味に合うように、[　] から適当な語を選んで（ 　 ）を埋めてください。

(1)忘れるはずがない　　　　　　　　不（ 　 ）忘记
(2)彼と会談する　　　　　　　　　　与（ 　 ）会晤
(3)感慨深げに話す　　　　　　　　　感慨（ 　 ）说
(4)平等に接するべきだ　　　　　　　（ 　 ）平等相待
(5)よい方向へ変わる　　　　　　　　（ 　 ）好转动
[地 　 会 　 应 　 向 　 其]

【二】日本語の意味に合うように、本文または例文から適当な語句を選んで（ 　 ）に入れてください。

(1)どの米大統領も彼に意見を求める
（ 　 　 ）一任美国总统（ 　 　 ）向他寻求建议。
(2)1971 年から今まで
（ 　 　 ）1971 年（ 　 　 ）
(3)まさに王毅が言ったとおり
正（ 　 　 ）王毅（ 　 　 ）说

【三】日本語の意味に合うように、[　] 内の語句を並べ替えてください。

(1)習近平は釣魚台国賓館で元米国務長官のキッシンジャーと会見しました。
[在钓鱼台国宾馆　前国务卿　会见了　习近平　基辛格　美国]。
_____

(2)彼は当時米大統領だったニクソンの訪中を促しました。
[尼克松　他　访华　时任　美国总统　促成了]。
_____

(3)中国はすでに私の命のとても大切な一部分となっています。
[非常重要的　一部分　已经成为　中国　我生命中]。
_____

第 11 课 保护传统村落，挖掘文化价值

【一】日本語の意味に合うように、[ ] から適当な語を選んで（ ）を埋めてください。

(1) 住む人がいない　　　　　　　　（ ）人居住

(2) 懸念される　　　　　　　　　　（ ）人担忧

(3) 大部分がお年寄りだ　　　　　　大（ ）是老人

(4) わずか十数カ所しかない　　　　只有十几（ ）

(5) 重要な課題となるだろう　　　　（ ）是一个重要的课题

[将　无　令　处　多]

【二】日本語の意味に合うように、本文または例文から適当な語句を選んで（ ）に入れてください。

(1) 不便なだけでなく、周囲に汚染ももたらす。

（　　）不方便，（　　）对周边造成了污染。

(2) 現地の幹部の説明によれば、

（　　）当地干部（　　），

(3) 文化財保護基金会などが負担する

（　　）文物保护基金会等（　　）

【三】日本語の意味に合うように、[ ] 内の語句を並べ替えてください。

(1) 三津村は 700 年近い歴史を持った古い村落です。

[古村落　三津村　是　近 700 年历史的　有着　一个]。

_____

(2) 保護リストに登録されていない古建築は破損が日一日と深刻になります。

[被列入　没有　日益严重　保护名录的　损毁现象　古建筑]。

_____

(3) 湖北省の多くの伝統村は「元どおりに修復」という改修理念を守っています。

[传统村落　不少　"修新如故"的　湖北的　改造理念　遵循]。

_____

第 12 课　教室卫生该由谁打扫？

【一】日本語の意味に合うように、［　］から適当な語を選んで（　）を埋めてください。
 (1)何人かの保護者   （　）名家长
 (2)3割を超える   三（　）多
 (3)アルバイトに清掃してもらう （　）钟点工打扫
 (4)小さな1枚の赤い旗   一（　）小小的红旗
 (5)最も実用的な1つの科目   一（　）最实用的功课
 ［成　请　门　几　面］

【二】日本語の意味に合うように、本文または例文から適当な語句を選んで（　）に入れてください。
 (1)もうすぐ学校が始まる
 （　）开学（　　）
 (2)多くの人にとって
 （　）很多人（　　）
 (3)将来、大任を担うのは難しい
 未来（　　）很难担当大任（　　）

【三】日本語の意味に合うように、［　］内の語句を並べ替えてください。
 (1)「教室の清潔さ」に関する話題が活発な議論を呼んでいます。
 ［有关　引发　热议　"教室卫生"　的　一个　话题］。

---

 (2)教室を掃除するのはけっして重労働ではありません。
 ［不是　打扫　并　重活　什么　教室］。

---

 (3)一部の保護者と教師の教育理念に問題が起こっているのです。
 ［教育理念　部分　问题　的　出了　家长和教师］。

第13課　共同防沙治沙，已刻不容缓

【一】日本語の意味に合うように、[ ]から適当な語を選んで（ ）を埋めてください。

(1)ここ5年　　　　　　　　　　　（　　）五年

(2)1990年代　　　　　　　　　　（　　）世纪90年代

(3)1本の枯れ木　　　　　　　　　一（　　）枯树

(4)もはや～ではない　　　　　　已经不（　　）是～

(5)周辺諸国と　　　　　　　　　（　　）周边国家

[棵　上　同　近　再]

【二】日本語の意味に合うように、本文または例文から適当な語句を選んで（ ）に入れてください。

(1)吹けば2、3日続く

（　　）刮（　　）是两三天

(2)たとえ戸や窓を閉めていても、部屋中砂だらけだ。

（　　）门窗紧闭，屋里（　　）全都是沙土。

(3)5、6キロ離れたところから運んでくる

（　　）五六公里（　　）运来

【三】日本語の意味に合うように、[ ]内の語句を並べ替えてください。

(1)ホルチン砂漠は格好の観察用サンプルです。

[观察样本　一个　科尔沁沙地　很好的　就是]。

_____

(2)現地の人々は燃やす薪さえ見つけられませんでした。

[木材　百姓　当地的　烧火的　找不到　甚至]。

_____

(3)宝秀蘭さんと夫は3万ムー近い砂地を緑化しました。

[丈夫　绿化了　和　3万亩　近　沙地　宝秀兰]。

_____

第14课 "挤"进老年人天地的年轻人

【一】日本語の意味に合うように、[ ]から適当な語を選んで（ ）を埋め
てください。

　　(1)まるまる1学期通学する　　　　上（ ）一个学期
　　(2)～の輪に入れないのではと心配する（ ）融入不了～圈子
　　(3)私はせっかちだ　　　　　　　　我是（ ）急性子
　　(4)1度の旅行　　　　　　　　　　一（ ）旅行
　　(5)～の助けになる　　　　　　　　有助（ ）～
　　[怕　于　个　满　趟]

【二】日本語の意味に合うように、本文または例文から適当な語句を選んで
（ ）に入れてください。

　　(1)～から自由に選べる
　　可以（ ）～（ ）任选
　　(2)不動産価格が上がるか、あるいは下がるか
　　房价（ ）上涨（ ）下跌
　　(3)歓迎の態度をとる
　　（ ）欢迎（ ）

【三】日本語の意味に合うように、[ ]内の語句を並べ替えてください。
　　(1)高齢者大学に多くの若者が現れました。
　　[年轻人　出现了　很多　老年大学里]。

　　――――――――――――――――――――――――――――――――

　　(2)彼女は現地の高齢者大学で一番若い学生です。
　　[当地　是　老年大学里　她　学员　最年轻的]。

　　――――――――――――――――――――――――――――――――

　　(3)同じクラスのおじさん・おばさんたちが辛抱強く補習してくれます。
　　[补课　会　叔叔、阿姨们　同班的　给她　都　耐心地]。

　　――――――――――――――――――――――――――――――――

第15課　重庆医生赴南太平洋援外

【一】日本語の意味に合うように、［　］から適当な語を選んで（　）を埋めてください。

(1)この対外援助医療任務　　　　　　这（　）援外医疗任务

(2)名前をスコラ―という　　　　　　名（　）斯考勒

(3)ここで学んだ知識　　　　　　　　在这里（　）学到的知识

(4)～を思い出す　　　　　　　　　　回忆（　）～

(5)何衛陽さんを驚かせる　　　　　　（　）何卫阳惊讶

［让　起　叫　项　所］

【二】日本語の意味に合うように、本文または例文から適当な語句を選んで（　）に入れてください。

(1)6000キロもの距離がある

（　　）6000公里（　　）

(2)医者に診てもらったことがない

没有（　）过（　　）

(3)パプアニューギニアへの医療援助の途に就いた

（　　）了前往巴新的医疗援助（　　）

【三】日本語の意味に合うように、［　］内の語句を並べ替えてください。

(1)私は中国の医療チームとは意思疎通が簡単だと思います。

［和中国医疗队　觉得　很容易　沟通　我］。

_____

(2)100キロも離れた集落から歩いて無料診察現場へ診察を受けに来る人さえいます。

［看病　从　甚至　有人　部落　徒步来　100公里外的　义诊现场］。

_____

(3)彼らは現地のために多くの「連れて帰れない医療チームメンバー」を育成しました。

［培养了　一批　他们　"带不走的医疗队员"　为当地］。

_____

出典

第1课　首位登上美国货币的亚裔

播报文章　2022年10月20日《黄柳霜硬币即将在美上市流通，成首位登上美国货币的亚裔》

第2课　洪水中的涿州书店和书库

播报文章　2023年8月3日《出版物流重镇涿州多个书库被淹：一小时损失2500万含绝版书！》

新华财经　2023年8月7日《京东推出"加油涿州书库"专场活动　为涿州图书商家提供帮助》

第3课　北京中轴线申遗，让历史对话未来！

中国新闻网　2023年7月1日《中轴西翼非遗路书体验活动启动　探寻北京记忆与中轴记忆》

中国城市报　2023年4月28日《北京中轴线申遗加速推进！数百年深厚积淀串联起文化传承新路》

第4课　出口"新三样"走俏

人民日报　2023年5月2日《"新三样"领跑外贸出口》

人民日报海外版　2023年6月9日《"新三样"出口增势有望延续》

澎湃新闻　2023年6月10日《出口"新三样"走俏，中国外贸动能》

第5课　"村BA"风靡中国乡村

中国新闻网　2023年4月12日《"村BA"风靡中国乡村》

第6课　脱下"孔乙己长衫"

（微博文章）墨润书香写半生　2023年4月6日《央媒痛批孔乙己，遭网友反驳：寒窗几十载换来的长衫，宁烂不脱！》

（微博文章）闲醉山人　2023年4月9日《一夜之间，脱下"孔乙己的长衫"为什么突然火了？》

凤凰网　2023年3月27日《声｜大学生不想当脱下长衫的孔乙己，是谁的错？》

第7课　世界首艘海上养殖船

文汇报　2022年5月22日《这艘"移动的海洋牧场"，助力我国海洋渔业养殖从近海驶向深蓝》

表紙デザイン：大下賢一郎
photos
表1：VCG/Getty Images
表4：Frank Fell Media/Shutterstock.com

時事中国語の教科書　-2024年度版-〈CD付〉

| 検印
廃止 | © 2024 年 1 月 31 日　初版 発行 |

著　者　　　　三潴　正道（麗澤大学名誉教授）
　　　　　　　陳　　祖蓓（外務省研修所）
　　　　　　　古屋　順子（ともえ企画）

発 行 者　　　　　　　　小川　洋一郎
発 行 所　　　　株式会社 朝日出版社
101-0065 東京都千代田区西神田 3 - 3 - 5
電話 (03) 3239-0271・72 (直通)
振替口座　東京　00140-2-46008
http://www.asahipress.com
倉敷印刷

乱丁，落丁本はお取り替えいたします
ISBN978-4-255-45389-7 C1087
本書の一部あるいは全部を無断で複写複製（撮影・デジタル化を含む）
及び転載することは、法律上で認められた場合を除き、禁じられてい
ます。